A. Ketschau

# Orientalische Katzen

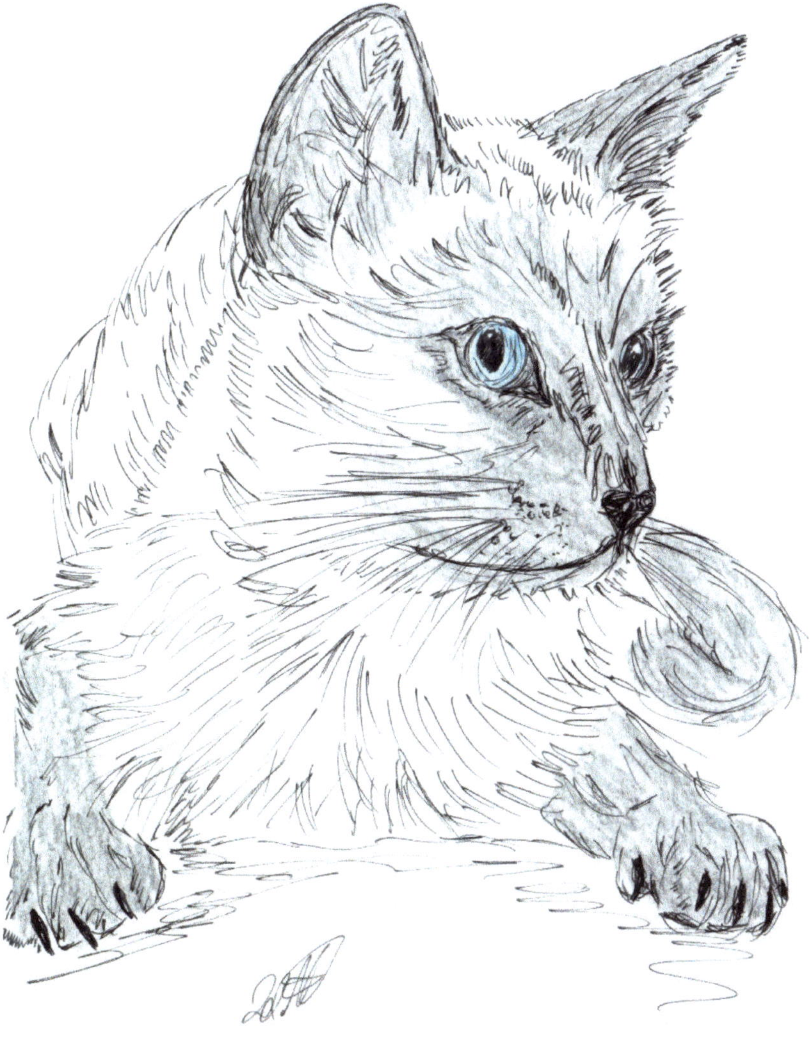

Bibliografische Information der Deutschen Nationalbibliothek:

Die Deutsche Nationalbibliothek verzeichnet diese Publikation in der Deutschen Nationalbibliografie; detaillierte bibliografische Daten sind im Internet über

http://dnb.d-nb.de abrufbar.

© 2022

Herstellung und Verlag: BoD – Books on Demand, Norderstedt

Ketschau, A.

**Orientalische Katzen**

ISBN 9783756275298

Bildmaterial + Texte: A. Ketschau

HINWEIS / Haftungsausschuss:

Obwohl ich die Informationen in meinem Buch sorgfältig recherchiert habe, kann ich nicht ausschließen, dass sich irgendwo Fehler eingeschlichen haben. Eine Haftung für Schäden, gleich welcher Art, schließe ich aus!

Verwendete Handelsnamenmarken wurden gekennzeichnet.

Ich habe in diesem Buch vielfach meine eigene Meinung geäußert und auch mit Kritik nicht gespart. Für viele Dinge gibt es unterschiedliche Meinungen und Lösungsansätze. In diesem Buch gegebene Ratschläge müssen nicht in allen Fällen gelten oder die einzig richtigen sein. Sie spiegeln z.T. meine eigene Meinung und Erfahrungen wieder und sind nicht in jedem Fall wissenschaftlich belegt.

# Inhalt

## Die Schlankformkatzen

Die Orientalischen Katzen unterscheiden sich durch ihre grazilen, schlanken Körper von allen anderen Katzen. Sie stammen ursprünglich aus Südostasien. Warum sich der schlanke Körper entwickelt hat, liegt im Dunklen. Die geographische Verteilung des Knickschwanzes (einer erblichen Deformation des Katzenschwanzes) gibt Hinweise. Neben den blauen Augen war der Knickschwanz lange das Merkmal der Siamkatze. In Ostasien besitzen noch heute mehr als die Hälfte der Siamkatzen diesen Knickschwanz. In der europäischen Zucht ist dieser Defekt inzwischen überwiegend eliminiert worden.

Wahrscheinlich kamen sie auf den Schiffen der arabischen und indischen Seefahrer bis an die Spitze der Malayischen Halbinsel. Darwin studierte die knickschwänzigen Katzen schon Mitte des 19. Jahrhunderts. Die Katzen der Seefahrer kamen überwiegend aus dem mediterranen und kleinasiatischen Raum. Dort herrscht ein warmes Klima. Durch die schlanke Form hat die Katze eine größere Körperoberfläche, dadurch ist sie beweglicher und aktiver sowie reaktionsschneller. Auch der Temperaturausgleich funktioniert auf diese Weise besser. Die Orientalen sind aktiv, spielfreudig, anhänglich, aktiv, neugierig und aufmerksam. Sie können auch recht lautfreudig sein. Im Wesen sind sie Hunden nicht ganz unähnlich. Manche Exemplare werden sogar leinenführig. Es gibt mehrere Rassen bzw Varietäten unter den Orientalen, die im Folgenden näher beleuchtet werden.

## Kurzstandards

### Siam

### Körper

Die mittelgroße, elegante Katze ist schlank und muskulös. Der Körper ist lang gestreckt und geschmeidig. Der Brustkorb und die Schultern sind nicht breiter als die Hüften. Die Beine sind lang und schlank, die Pfoten zart und oval. Der Schwanz ist sehr lang, peitschenförmig, dünn am Ansatz und endet in einer Spitze. Der Hals ist lang und schlank.

## Kopf

Der Kopf ist keilförmig. Der Keil beginnt an der Nase und verbreitert sich zu beiden Seiten in geraden Linien zu den Ohren. Die Nase ist lang und gerade, die Stirn flach. Das Profil ist leicht konvex. Die Schnauze ist fein, das ausgeprägte Kinn verläuft in einer vertikalen Linie zur Nasenspitze. Die Ohren sind sehr groß mit breiter Basis und zugespitzt. Sie sind so gesetzt, dass sie die Außenseiten des Keils verlängern. Die Augen sind mandelförmig und leicht schräg gestellt, so dass eine Harmonie mit der Keilform des Kopfes entsteht. Der Abstand zwischen den Augen beträgt nicht weniger als eine Augenbreite. Die Farbe ist ein intensives Blau.

## Fell

Das Fell ist sehr kurz, glänzend und eng am Körper anliegend. Es besitzt eine seidige Textur und keine Unterwolle.

## Farbvarianten

Die Siamkatze ist eine Pointkatze und ist in allen Farben ohne Weiß anerkannt.

Die Beschreibung der Farben ist der allgemeinen Farbliste zu entnehmen.

## Fehler

zu tief liegende oder hervorstehende Augen

jede Neigung zum Schielen

farbiger Fleck am Bauch

## Anmerkungen

Die Pointfarbe entwickelt sich langsam und ist erst bei erwachsenen Katzen vollständig ausgeprägt, was bei der Bewertung von jungen Katzen berücksichtigt wird. Das Nachdunkeln der Körperfarbe, besonders an den Flanken kann bei älteren Katzen toleriert werden.

## Punkteskala

| | |
|---|---|
| Körper | 25 Punkte |
| Kopf | 25 Punkte |
| Augen | 15 Punkte |
| Felltextur | 20 Punkte |
| Körperfarbe | |
| und Points | 10 Punkte |
| Kondition | 5 Punkte |

| Die häufigsten Siamfarben | | | |
|---|---|---|---|
| Farbe | Grundfarbe | Pointfarbe | Nasenspiegel und Fußballen |
| seal-point | rosa-beige bis creme | tief sealbraun | seal |

| | | | |
|---|---|---|---|
| blue-point | bläuliches Weiß, d.h. helles Grau | schiefergrau | schiefergrau |
| chocolate-point | elfenbeinfarben | schokoladenfarben (mittleres Braun) | zimtrosa |
| lilac-point | eisgrau | rosafarbenes Grau | grau oder rosa |
| red-point | aprikosefarben | rötliches Gold | rosa |
| craeme-point | Helles Creme | cremefarben | rosa |
| seal-tortie-point | beige, in aprikosefarben übergehend | sealbraun, mit rot gemustert | seal und/oder rosa |
| blue-tortie-point | helles Blaugrau, in creme übergehend | schiefergrau, mit creme gemustert | grau und/oder rosa |
| chocolate-tortie-point | elfenbeinfarben, in aprikosefarben übergehend | schokoladenfarben mit rot gemustert | braun und/oder rosa |
| lilac-tortie-point | eisgrau, in helles Creme übergehend | rosafarbenes Grau, mit creme gemustert | grau und/oder rosa |

Die Points müssen gleichmäßig gefärbt sein. Alle Pointfarben kommen auch als Tabby-Muster vor, d.h. sie sind durch eine Art Strichzeichnung unterbrochen und nicht gleichmäßig. Die Points bzw Abzeichen bezeichnen eine dunkler gefärbte Maske, d.h. Ohren, Schnauze bzw Gesicht, außerdem Beine bzw Pfoten, Schwanz und bei Katern auch der Hodensack. Die Kitten kommen weiß zur Welt. Die Points bilden sich nach einigen Stunden bis Wochen heraus, ggfs. kann die volle Ausprägung auch einige Monate bis hin zu einem Jahr dauern. Die Stirn kann durch

Linien mit der Schnauze und den Ohren verbunden sein. Die Grundfarbe bedeckt den übrigen Körper. Bei älteren Katzen kann die Farbe weiter nachdunkeln, insbesondere auf dem Rücken. Katzen mit Freigang haben ebenfalls meist eine deutlich ausgeprägtere „Wildfärbung". Das Haar wird durch Pigmenteinlagerungen dicker. Körperregionen mit weniger Fettschichten werden so besser gegen Kälte isoliert.

## Balinese

### Körper

Die mittelgroße, elegante Katze ist schlank und muskulös. Der Körper ist lang gestreckt und geschmeidig.

Der Brustkorb und die Schultern sind nicht breiter als die Hüften.

Die Beine sind lang und schlank, die Pfoten zart und oval.

Der Schwanz ist sehr lang, peitschenförmig, dünn am Ansatz und endet in einer Spitze.

Der Hals ist lang und schlank.

### Kopf

Der Kopf ist keilförmig. Der Keil beginnt an der Nase und verbreitert sich zu beiden Seiten in geraden Linien zu den Ohren.

Die Nase ist lang und gerade, die Stirn flach. Das Profil ist leicht konvex geschwungen.

Die Schnauze ist fein, das ausgeprägte Kinn verläuft in einer vertikalen Linie zur Nasenspitze.

Die Ohren sind sehr groß mit breiter Basis und zugespitzt. Sie sind so gesetzt, dass sie die Seiten des Keils verlängern.

Die Augen sind mandelförmig und leicht schräg gestellt, so dass eine Harmonie mit der Keilform des Kopfes entsteht.

Der Abstand zwischen den Augen beträgt nicht weniger als eine Augenbreite. Die Farbe ist ein intensives Blau.

## Fell

Das Fell ist mittellang und glänzend. Es besitzt eine seidige Textur und keine Unterwolle.

Der Schwanz ist wie eine Feder behaart.

## Farbvarianten

Die Balinese ist eine Pointkatze mit Siam-Abzeichen und ist in allen Farben ohne Weiß anerkannt.

Die Beschreibung ist der allgemeinen Farbliste zu entnehmen.

## Fehler

zu tief liegende oder hervorstehende Augen

jede Neigung zum Schielen

farbiger Fleck am Bauch

## Anmerkungen

Die Pointfarbe entwickelt sich langsam und ist erst bei erwachsenen Katzen vollständig ausgeprägt, was bei der Bewertung von jungen Katzen berücksichtigt wird. Das Nachdunkeln der

Körperfarbe, besonders an den Flanken kann bei älteren Katzen toleriert werden.

**Punkteskala**

Körper 25 Punkte

Kopf 25 Punkte

Augen 15 Punkte

Felltextur 20 Punkte

Körperfarbe und Points 10 Punkte

Kondition 5 Punkte

## Havana (HAV)

**Allgemein**

Der Gesamteindruck der idealen Havana (in anderen Verbänden auch Havana Brown oder Suffolk genannt) ist eine mittelgroße Katze mit einem dichten, einfarbigen Fell und gutem Muskeltonus. Die typische starke und quadratische Schnauze ist ein charakteristisches Merkmal der Rasse und unterscheidet diese Rasse von ihren orientalischen Vorfahren. Durch diese Schnauze, die Fellfarbe, die brillanten und ausdrucksstarken Augen und die großen nach vorne geneigten Ohren ist die Havana mit keiner anderen Rasse vergleichbar.

**Körper**

Der Körper ist mittellang, fest und muskulös, aber auch anmutig und elegant. Die allgemeine Körperform kann man wie eine

Mischung aller anderen Körperformen, wie kurz, cobby, lang gestreckt, schlank etc. beschreiben.

Kater sind in der Regel größer als Katzen. Die Größe ist allerdings nicht maß- und ausschlaggebend, wichtig ist das Verhältnis der einzelnen Körperteile zueinander und das Gleichgewicht des gesamten Körpers.

Der Hals ist mittellang und gut bemuskelt, in Proportion zum Körper.

Die Beine sind im Vergleich zur Größe des Tieres lang, gerade, elegant und mit kräftigem Knochenbau, wobei dieser bei den weiblichen Tieren nicht so kräftig sein kann.

Die Länge der Beine ist bei Katern durch die stärkere Muskulatur weniger deutlich zu sehen. Die Hinterbeine sind etwas länger als die Vorderbeine.

Die Pfoten sind von ovaler Form und kompakt, passend zu den Beinen.

## Schwanz

Der Schwanz ist schlank und mittellang und reicht mindestens bis zur Mitte des Körpers. Die Basis ist nicht zu breit, verjüngt sich am Ende.

## Kopf

Der Kopf ist von oben gesehen länger als er breit ist, verjüngt sich zu einer runden Schnauze mit sehr ausgeprägten Schnurrhaarkissen und ist gut proportioniert zum Körper.

Durch die ausgeprägten Schnurrhaarkissen sieht die seitliche Kopflinie (von oben gesehen) wie unterbrochen aus, was ein typisches Merkmal der Havana ist. Das Ende der Schnauze erscheint fast quadratisch.

Die Stirn ist flach, gefolgt von einem definierten Stop auf Augenhöhe.

Das Kinn ist stark ausgeprägt, kräftig und sollte mit der Nasenspitze eine vertikale Linie bilden. Spärliche Behaarung am Kinn, direkt unter der Unterlippe, ist erlaubt.

Breitere Köpfe und ausgeprägte Wangenknochen sind bei Katern zulässig.

## Ohren

Die Ohren sind groß mit gerundeten Spitzen, weit auseinandergesetzt, aber nicht abfallend. Sie sind leicht nach vorne geneigt, was der Katze einen wachsamen und aufmerksamen Ausdruck verleiht. Sie sind spärlich behaart.

## Augen

Die Augen sind mittelgroß und von ovaler Form. Durch den relativ schmalen Kopf wirken sie aber sehr groß.

Die Augenfarbe ist klar und in einem gleichmäßigen Grünton, je tiefer die Farbe ist, umso besser.

Der Blick ist sehr ausdrucksstark.

## Fell

Das Fell ist kurz bis mittelang, glatt und glänzend, es liegt eng am Körper an, ohne Unterwolle.

### Farbvarianten

### Braun:

Die Farbe ist ein satter gleichmäßiger Farbton und tendiert zwischen einem warmen Braun bis zu einem Rotbraun (Mahagoni).

**Nasenspiegel:** braun mit rosa „Flush"

**Fußballen:** rosa getönt

**Schnurrhaare:** braun, ergänzt die Fellfarbe


**Lilac:**

**Nasenspiegel:** lavendelrosa

**Fußballen:** lavendelrosa

**Schnurrhaare:** lavendelrosa

Geisterzeichnung ist bei Jungtieren erlaubt.


**Fehler**

Kein „Pinch" oder kein Stopp

Schwaches Kinn

Geisterzeichnung bei erwachsenen Tieren


**Fehler, die das Zertifikat ausschließen**

Orientalischer Typ

Römisches Profil

spitze Schnauzenpartie


**Disqualifikation**

Knickschwanz

Lockets (weisses Medailion etc.)

Jede andere Augenfarbe als Grün

Jede andere Farbe der Schnurrhaare, Fußballen und des Nasenspiegels wie vorher beschrieben

**Erlaubte Kreuzungen**

keine

**Punkteskala**

Körper 35 Punkte

Kopf    20 Punkte

Ohren    5 Punkte

Augen 10 Punkte

Fell: Textur, Länge 10 Punkte

Farbe   15 Punkte

Kondition 5 Punkte

**Orientalisch Kurzhaar**

**Körper**

mittelgroß, lang, muskulös, elegant

**Kopfform**

lang, mittelgroß, in geraden Linien von den Ohren zum Kinn

 in feinem Keil zusammenlaufend, kräftiges Kinn

 **Ohren**

ziemlich groß, aufrecht, zugespitzt, am Grund weit offen, die Keilform des Kopf nach oben fortsetzend

## Nase

lang, gerade, im Profil ohne Stop

## Augen

weit auseinandergesetzt, schräg zur Nase, mittelgroß, leuchtendes grün, bei creme, rot und tortie kupfer bis grün

## Hals

lang und schlank

## Beine

lang und schlank, in guter Proportion zum Körper, Hinterbeine länger als Vorderbeine

## Pfoten

fest, klein, oval

## Schwanz

lang, dünn an der Basis, zu feiner Spitze verjüngend

## Farben

alle Siamfarben

## Fell

lang, fein, seidig, anliegend, ohne Unterwolle

## Beine

lang und schlank, in guter Proportion zum Körper, Hinterbeine länger als Vorderbeine.

**Pfoten**

fest, klein, oval.

**Schwanz**

lang, dünn an der Basis, zu feiner Spitze verjüngend.

**Fell**

sehr kurz, feine Textur, glänzend, eng anliegend.

**Farbe**

Je nach Verein sind zahlreiche ein-, zwei- und dreifarbige Farbschläge zugelassen, Haar muss von Wurzel bis Spitze durchgefärbt sein, bei Tabbys muss der Kontrast zwischen Zeichnungs- und Grundfarbe deutlich sein.

**Häufigste Farben**

**Havana**

Braun, Nasenspiegel braun, Fußballen zimtrosa

**Ebony**

tiefschwarz, glänzend

**Blau**

schiefergrau

**Lavender**

hellgrau-lavendelrosa

## Die Siamkatze

<u>Geschichte</u>

Die Siamkatzen zählen zu den ältesten Rassekatzen. Erste Hinweise zu diesen Katzen stammen bereits aus dem 14. Jahrhundert. Die Rasse stammt aus dem früheren Siam, heute Thailand. 1871 kamen erste Siamkatzen nach England. Sie fanden sofort Freunde. Seit ca. 1890 werden Siamesen auch bei uns gezüchtet. Anfangs schien die Zucht zu scheitern, weil die Katzen absolut falsch ernährt und gehalten wurden. Man sperrte die armen Tiere in gläserne Gewächshäuser und fütterte sie mit Milch und Brot. Natürlich wurden die Katzen krank und starben. Man begriff nur langsam, dass die Katzen Fleisch und frische Luft brauchten. Auch die ersten Siamesen waren schlank und feingliedrig mit schmalen Köpfen, nicht plump und rundköpfig. Gleichwohl gibt es aber auch bei Siamesen wie bei anderen Orientalen einen grazilen Schlanktyp und einen etwas gedrungeneren Schlag (Thaisiam, Thaikatze). Dennoch zählen und zählten beide Typen zu den Schlankformkatzen. Die ersten Katzen hatten Probleme mit dem Klima, auch war die Haltung wie oben beschrieben sehr schlecht. Darum waren die ersten Zuchtergebnisse auch enttäuschend. Man begann sehr bald, Siamesen mit Hauskatzen zu kreuzen, um die Rasse widerstandsfähiger zu machen. Der erste englische Siamstandard wurde 1892 aufgestellt. Drei Jahre später unterschied man schon zwischen einem rundköpfigen und einem gestreckten, langköpfigen Typ (Mardergesicht, marten face). Das ist aufgrund der Einkreuzung eher gedrungener Hauskatzen in die schlanke Siamesin zu erklären. Deshalb unterscheidet man heute zwei Typen von Siamkatzen. Der schlanke Typ muss von den ursprünglichen Siamkatzen stammen, denn die eher gedrungenen britischen Hauskatzen haben sicherlich nicht zum Schlanktyp beigetragen. In der Folge wurden die Katzen immer weiter typisiert. Allerdings nicht immer zum Vorteil für das Tier. Man ging bis ans äußerste Limit. Wie auch bei vielen anderen Haustierrassen, die übertypisiert werden, ergaben sich dabei auch viele Nachteile für die Katzen. In den USA brach die Zucht der Show-Siamkatzen um 1990 zusammen. Die Feingliedrigkeit der Katzen wurde derart übertrieben, dass es nicht mehr schön aussah. Die blauen Augen gehen auf einen Pigmentmangel zurück, zwar kein völliger Pigmentausfall wie bei Albinismus (pigmentbildende Zellen sind vorhanden, aber unfähig, Melanine zu bilden) oder Leuzismus (keinerlei pigmentbildende Zellen vorhanden), aber dennoch ein Mangel an Farbstoffen. Die Maskenzeichnung beruht auf einer Vielzahl Mutationen (plötzliche ungerichtete Veränderung des Erbguts). Der Farbstoff (Melanin) wird dann verringert oder biochemisch verändert in das Haar eingelagert. Die Maskenzeichnung geht ebenfalls auf die Albinoserie zurück. Die Albinoserie sorgt dafür, dass weniger oder keine Pigmente ins Haar eingelagert werden. Die blauen Augen sind ebenfalls auf dieses Gen zurückzuführen. Es ist nicht genau geklärt, wann und wo diese Mutation zum ersten Mal auftrat. Bei anderen Tieren ist ebenfalls ein solcher Farbschlag zu finden, z.B. bei Russen- und Kalifornierkaninchen, weißen Kaninchen mit roten Augen und schwarz-braunen Abzeichen an Schnauze, Ohren, Läufen/ Pfoten und Schwanz. Diese Kaninchen besitzen aber im Gegensatz zu Siamesen rote Augen. Siamkatzen haben blaue Augen, die jedoch ebenfalls auf verminderte Pigmentierung zurückzuführen sind, wie schon beschrieben. Die Ausprägung der dunkleren Färbung hängt mit den Außentemperaturen zusammen. Je kälter die Umgebung, umso ausgeprägter sind auch die Abzeichen.

## Charakter und Eigenschaften

Die Siamkatze ist äußerst lebhaft. Sie verfolgt ihre Menschen am liebsten auf Schritt und Tritt und möchte ständig schmusen und herumgetragen werden. Die Orientalen sind in manchen Dingen Hunden recht ähnlich. Sie möchten ständig den Kontakt zum Menschen, werden häufig sogar leinenführig. Viele Menschen wissen das anhängliche, lebhafte Wesen der Katzen zu schätzen. Für andere ist es etwas viel des Guten. Sind Siamesen nicht kastriert, sind einige Eigenschaften besonders ausgeprägt. Die Kätzinnen machen von ihrer lautstarken Stimme während der Rolligkeit überaus regen Gebrauch. Auch Siamkater auf Freiersfüßen können dem einen oder anderen Katzenfreund etwas anstrengend erscheinen. Auch sie rufen lautstark nach ihrer angebeteten Kätzin. Beide Geschlechter markieren mit Harnspritzern auch innerhalb des Hauses, wenn sie nicht kastriert sind. Nichtzuchtkatzen sollten generell kastriert werden. Bestimmte Erkrankungen sind dann nicht mehr möglich (oder die Gefahr der Erkrankung ist geringer), es entstehen keine ungewollten Kitten, das Geschrei entfällt mehr oder weniger, die Katzen markieren innerhalb des Hauses nicht mehr alles mit Harn, Streunereien und Beißereien werden weniger, um nur einige Vorteile zu nennen. Im Gesundheitskapitel gehe ich näher auf die Kastration ein. Siamkatzen sind intelligente, kleine Heimtiere. Sie sind sehr kommunikativ, machen ihren Menschen klar, was sie wollen. Sie sind sehr verspielt und brauchen viel Beschäftigung. Ist ihr Mensch gerade mit etwas anderem beschäftigt, macht die Siamkatze durchaus deutlich, dass nichts wichtiger als sie selbst ist. Generell sind Katzen zwar eigenbrötlerisch, aber keine reinen Einzelgänger. Sie sind durchaus auch gesellig – wenn sie gerade Lust dazu haben. Siamkatzen sind meist äußerst gesellige Tiere. Sie mögen keine Einzelhaltung – der Katzenpartner muss nicht zwangsläufig eine orientalische Katze sein. Aber die Partnerkatze sollte schon wesensmäßig zur Siamkatze passen, d.h. kommunikativ, anhänglich und lebhaft sein. Ein eher phlegmatischer Perser ist nicht so ganz der ideale Partner für eine Siamesin bzw Orientalin... Leben mehrere orientalische Katzen zusammen, findet man sie oft gemeinsam spielend oder ruhend, oft eng aneinander gekuschelt. Siamkitten kommen völlig weiß zur Welt. Die endgültige Färbung entwickelt sich etwa bis zum vollendeten dritten Lebensjahr. Die helle Körperfarbe und die dunklen Points behält die Katze bis ans Lebensende. Bei Katzen mit Freilauf kommt es aber häufiger vor, dass die Körperfarbe auch ein wenig nachdunkelt. Das Fell ist weich, fein und seidig. Die wunderschönen blauen Augen ziehen den Betrachter in ihren Bann. Nicht zuletzt durch ihre Figur wirkt die Siamkatze edel und zierlich.

*Siamkatzen*

26

*Oben links: OKH-Kitten, rot-weiß. Oben rechts: Siam Foreign White. Unten links: Siam Chocolate Point. Unten rechts: Siam Foreign White.*

*Oben: Javanese, Blau Schildpatt.*
*Rechts: Siam Blue Point.*

*Siam Blue Point*

*Oben: Ebony. Unten: Havana.*

## Die Foreign White

Siam

Geschichte

Die Foreign White wird oft fälschlicherweise als Orientalisch Kurzhaar (bzw Halblanghaar) bezeichnet, obwohl sie unter dem weißen Fell eine Siam- bzw Balinesenkatze ist. Die englische Züchterin Patricia Turner begann 1962 mit der Zucht dieser Rasse. Sie kreuzte eine weiße Britisch-Kurzhaar-Katze mit einer Siamkatze. Durch jahrelange Selektion auf typvolle Siamkatzen gelang es ihr, verschiedene Fehler auszumerzen, wie falsche Augenfarbe, Taubheit usw. Die Foreign White ist eine reinerbig weiße Siamkatze mit blauen Augen (bzw sollte es sein). Das Zuchtziel war eine reinweiße Siamkatze mit saphierblauen Augen ohne erbliche Taubheit und Gehörstörungen, die wir oft bei anderen weißen, blauäugigen Katzen finden. Überwiegend ist dieser genetische Defekt auch bei der Foreign White eliminiert worden. Da die Foreign White eine reinweiße, blauäugige Siamkatze ist, sollte sie nicht mit OKH verpaart werden. Meist wird sie mit Seal- und Bluepoint-Siamesen gekreuzt, um die Augenfarbe zu erhalten. Die Foreign White geht zwar auf einen Pigmentmangel zurück, ist aber kein echter Albino. Echte Albinos werden in den USA gezüchtet. In Deutschland wird die Foreign White von vielen Rassekatzenzuchtclubs als Orientalisch Kurzhaar Weiß mit blauen Augen eingetragen, was genetisch falsch ist. Die Foreign White ist genetisch eine weiße, blauäugige Siamkatze, um es nochmals zu sagen. Bei der FIFé und angeschlossenen Clubs wird sie korrekt als Siam weiß geführt. Die Züchter waren stets bemüht, die Taubheit zu eliminieren, was glücklicherweise auch inzwischen überwiegend gelungen ist. Die blauen Augen kommen durch den Siam-/ Maskenfaktor zustande und nicht durch das Weiß-Gen. Die Foreign White wird überwiegend im grazilen Schlanktyp gezüchtet, aber wir finden hier und da auch einige Exemplare vom Thai-Typ. Leider erkennen noch nicht alle Verbände und Vereine die Foreign White an, da noch immer nicht überall angekommen ist, dass die Taubheit und Gehörstörungen bei dieser Rasse inzwischen weitgehend ausgeschaltet wurden. Die GCCF (Gouverning Council of the Cat Fancy) hat die Rasse 1977 anerkannt.

### Charakter und Eigenschaften

Abgesehen von der reinweißen Fellfarbe gleicht die Rasse der Siam/ Thai-Siam (Kurzhaar) bzw der Balinese (Halblanghaar). Die Augen sind blau. Der Kopf soll mit den großen Ohren ein Dreieck bilden. Die Nase ist lang. Die Ohren sind relativ groß und leicht schief gestellt. Der Körper ist elegant, lang, schlank, muskulös. Die Hinterhand ist etwas höher als die Vorderhand. Die Pfoten sind lang, schlank und

*Foreign White*

oval. Der Schwanz ist lang und dünn. Das Fell ist weich und kurz (Siam Foreign White) oder halblang (Balinese Foreign White) und reinweiß mit wenig Unterwolle. Die Augen sind mandelförmig, leicht schräg gestellt und saphierblau. Die Foreign White ist anschmiegsam, verschmust, sehr sozial mit Menschen, Katzen und

Hunden. Sie ist nicht gerne allein. Meist fröhlich und zum Spielen aufgelegt. Die Haut ist unpigmentiert (rosa). Selbstverständlich sollten nur einwandfrei hörende Katzen zur Zucht zugelassen werden.

*Siam Foreign White*

## Die Orientalisch Kurzhaar

<u>Geschichte</u>

Schon in den Anfängen der Siamzucht fielen hin und wieder einfarbige Kitten, die ersten Orientalisch Kurzhaar. Einfarbig braune und blaue Katzen mit grünen Augen kamen öfter vor. Neben den „interessanter" erscheinenden Siamkatzen führten sie jedoch lange ein Schattendasein. Bis in die 1950er Jahre waren diese Katze eher eine Rarität. Schließlich waren es englische Züchter, die anfingen, Siamesen und Hauskatzen zu kreuzen. So entstand die Havana oder Orientalisch Kurzhaar Braun. Durch zielgerichtete Zucht entsanden weitere Farbschläge; schwarze, blaue, lavendelfarbene Katzen, rote Katzen mit grünen Augen, schließlich auch weiße, blauäugige Katzen (vgl. Foreign White) traten auf. Auch in den USA begannen sich Züchter für diese Katzen zu interessieren. Dort schuf man Orientalisch Kurzhaarkatzen, grazil, langbeinig und schlank. Heute finden wir OKH in allen möglichen Farbschlägen, einfarbig, weiß gescheckt, silber, mit Streifen, Tupfen usw. Für jeden Geschmack etwas dabei!

Charakter und Eigenschaften

*Orientalisch Kurzhaar Blau*

Die Orientalisch Kurzhaar ist der Siamkatze im Charakter sehr ähnlich, vielleicht etwas ruhiger und unaufdringlicher. Sie ist sehr temperamentvoll, fröhlich, liebenswert und anhänglich. Mit ihrer Anhänglichkeit und „Sprechfreude" kann sie dem einen oder anderen Katzenfreund schon einmal auf die Nerven fallen. Menschen mit mehreren Katzen – ob nun Orientalen oder nicht – können ihre Katzen meist an der Stimme unterscheiden. Orientalen lieben den Kontakt zu ihren Menschen und zu anderen Katzen.

Auch Hunde mögen sie meist sehr, wenn beide Tiere ordnungs-
gemäß auf einander sozialisiert wurden. Die Orientalen sind sehr
verspielt, brauchen viel Beschäftigung, z.B. Jagdspiele mit einer
Federangel, ein Fummelbrett o.ä. Aber auch die Geselligkeit
und das Spiel mit anderen Katzen schätzen sie sehr. Wenn die
Orientalin die Gelegenheit hat, fängt sie mit Eifer und Geschick
Kleintiere wie Ratte, Maus, Siebenschläfer & Co., aber auch Flie-
gen, Spinnen usw werden erbeutet. Hauptsache, die Katze
kann ihre Anlagen nach Beutegreifermanier ausleben.


**Die Balinese**

<u>Geschichte</u>

Die Balinese geht auf Langhaarsiamkatzen zurück. Schon früh
fielen in den Würfen von Siamkatzen langhaarige Kitten. 1928
wurde die erste langhaarige Siamesen auf einer Ausstellung ge-
zeigt, offiziell als Langhaarsiamese. Diese Katze hatte nachweis-
lich reine Siamvorfahren. Anfangs wurden diese Katzen nicht anerkannt. Sie wurden als nicht standardgemäß erachtet, belächelt, ihr Auftreten in Würfen meist vertuscht und Langhaarkitten
nicht selten auch umgebracht, wenn sie sich als Langhaar her-
ausstellten (heute ist das Ermorden von Kitten verboten! Nur ein
Tierarzt darf ein Tier einschläfern, wenn es unheilbar und schwer
krank ist und unter schlimmen Schmerzen und Problemen leidet!). 1940 fanden sich dann erste Liebhaber für diese halblang-
haarigen Siamkatzen. Einige Züchter fingen an, sich diesen Katzen zu widmen. Inzwischen hat die Balinese sich als Rasse etab-
liert, und hin und wieder werden auch in die amerikanischen

Linien Katzen aus dem Herkunftsland eingekreuzt, um den Typ zu festigen oder zu verbessern. Die Katze stammt nicht aus Bali, sondern aus Amerika. Die Züchter wählten den Rassenamen, weil die Katzen mit ihrem feinen, halblangen Haar und dem geschmeidigen Körper an balinesische Tempeltänzerinnen erinnern. Inzwischen ist die Balinese von allen Katzenverbänden als Rasse anerkannt.

*Balinese, Red-Point*

## Charakter und Eigenschaften

Die Balinese ist nicht ganz so lebhaft wie die Siam. Ihr halblanges, seidiges Fell braucht zwar eine gewisse Pflege, neigt aber nicht zum Verfilzen. Ihre Figur ist etwas abgerundeter und nicht ganz so grazil wie die Gestalt der Siam, deren Kurzhaar die drahtige Figur betont. Ihre Stimme ist etwas feiner als die der Siam, und sie ist auch nicht ganz so „übertrieben" anhänglich. Auch sie fordert ihre Kuschel- und Schmusestunden, ist dabei aber etwas zurückhaltender als die Siam. Sie mag Gesellschaft von Mensch, Katze und Hund und ist immer zum Spielen aufgelegt. Sie fordert ihre Streicheleinheiten, und wenn sie sich auf die Zeitung ihres lesenden „Personals" legen muss. Orientalische Kätzinnen sind gute Mütter. Oft ziehen zwei oder mehr Kätzinnen gleichzeitig ihre Kitten groß. Ist der Vater der Kitten anwesend, kümmert auch er sich liebevoll um den Wurf, putzt die Kitten und spielt mit ihnen. Wie alle

Orientalen mag die Balinese andere Katzen, Hunde und Kinder. Das Fell ist (mehr oder weniger) weiß mit Points in allen Siam-Farben.

## Die Javanese (Mandarin, Orientalisch Halblanghaar)

### Geschichte

Die Javanese, auch Orientalisch Langhaar, Orientalisch Halblanghaar oder Mandarin genannt, entstand in den 1970er, 1980er Jahren durch Kreuzungen zwischen Bali- und Orientalisch Kurzhaarkatzen. Das Zuchtziel war eine einfarbige Balikatze. Wie die OKH kommt auch die Javanese in einer breiten Farbpalette vor. Durch das schöne Halblanghaar sehen einige Farben noch ansprechender aus. Stammbäume sollte man aufmerksam lesen, da in einige Linien Türkisch-Van-Katzen eingekreuzt wurden. Damit wurde das Fell verbessert, aber teilweise auch das Wesen der Katze verändert. Und das besondere Wesen dieser Katzen macht ja einen ihrer Reize aus. Wer eine „echte" Javanese sucht, sollte den Züchter gut auswählen und die Ahnentafeln genau studieren, um keine Überraschungen zu erleben. In den Ahnenreihen sollten sich nur Javanesen, Siamesen, Orientalen und Balinesen finden.

### Charakter und Eigenschaften

Die Javanese hat ein wunderschönes, weiches Fell. Sie ist liebenswert und anhänglich. Ihre Stimme ist nicht ganz so „aufdringlich" wie die der Siam. Sie lässt sich gerne bürsten, knuddeln und herum tragen. Sie ist unglaublich verschmust. Sie kann auch eine gute Portion Eigensinn an den Tag legen – wie allerdings die meisten Katzen. Sie ist zwar anhänglich, aber nicht so sehr wie die Siam.

*Orientalisch Halblanghaar, Silber*

## Orientalische „Macken"

<u>Gesprächigkeit</u>

Orientalen sind „gesprächig". Sie mauzen sehr viel, was auch in Schreien ausarten kann. Nicht kastrierte Kätzinnen schreien noch mehr als die nicht kastrierte Durchschnittskätzin während der Rolligkeit. Sie meckern auch viel mit ihren Menschen, wenn diese nicht verstehen, was sie tun sollen, es einfach nicht machen oder es nicht zur Zufriedenheit der Katze erledigen. Aber auch so haben die Orientalen eine kräftige Stimme. Damit muss sich der Halter arrangieren, denn es lässt sich nicht so einfach abstellen! Hat sie nicht genug Aufmerksamkeit, macht die orientalische Katze ebenfalls mit ihrer kräftigen Stimme auf sich aufmerksam. Halter orientalischer Katzen (und eventuelle Nachbarn) sollten also gute Nerven haben! Aber immerhin schlafen Katzen durchschnittlich ca. 16-20 Stunden am Tag, und wenn die Katzen genug Beschäftigung haben, hält sich das „Geschrei" in Grenzen.

## Überschäumendes Temperament

Orientalische Katzen sind sehr temperamentvoll und in der Regel alles andere als zurückhaltend. Für Nicht-Orientalen sind sie oft zu anstrengend. Fühlt sich die Katze nicht genügend beachtet, sorgt sie schon dafür, dass man sich um sie kümmert. Sie ist verspielt, temperamentvoll, braucht viel Beschäftigung und lässt sich manchmal sogar kleine Tricks beibringen. Häufig werden die Orientalen sogar leinenführig. Orientalen brauchen viel Beschäftigung, Spiele, wenn es möglich ist Freilauf. Sie spielen gerne und verstehen sich mit den Menschen und den meisten anderen Haustieren sehr gut (kleinere Tiere, die den Beutetrieb auslösen können, sollten sicher untergebracht werden, wie kleinere Vögel, Fische, Mäuse, Ratten, Kaninchen usw). Orientalen sollten möglichst nicht als Einzelkatzen gehalten werden. Die Katzen sollten wesensmäßig einigermaßen zusammen passen, also beide ein ähnliches Temperament haben.

## Pica-Syndrom: Wollefressen & Co.

Das Pica-Syndrom ist eine Störung, die bei Katzen, auch bei Orientalen, auftreten kann. Dabei frisst die Katze alle möglichen und unmöglichen Dinge, bzw versucht es. So werden auch völlig ungeeignete und ungenießbare bzw unverdauliche Dinge wie Plaste, Wolle usw gefressen bzw angeknabbert. Die Katzen fressen z.B. an der Kleidung ihrer Menschen herum, sie fressen

Haargummis, nagen an Bettdecken herum, nagen an Teppichen, an Kunststoffgegenständen usw. Es geht hier nicht darum, dass die Katze im Spiel einmal herzhaft in die Hände oder in Gegenstände zwickt. Es geht um krankhaftes Fressen von völlig ungeeigneten und gefährlichen Gegenständen. Es handelt sich hierbei um eine gefährliche Zwangsstörung. Der Name Pica-Syndrom kommt vom lateinischen Wort für Elster (Pica Pica). Das Benagen oder Verschlucken von ungeeigneten Gegenständen kann verschiedene gesundheitliche Gefahren bergen. Die Katze kann sich vergiften, sich Verletzungen des Verdauungstraktes zuziehen oder sogar einen Darmverschluss bekommen. Das kann für die Katze tödlich enden. Meist treten die ersten Symptome schon innerhalb des ersten Lebensjahres auf. Das Pica-Syndrom kann mehrere Jahre anhalten. Frisst die Katze ungeeignete Gegenstände oder Teile davon, sollte sie unbedingt zum Tierarzt. Selbst, wenn die Gegenstände wieder ausgeschieden werden, kann sie sich zum einen innere Verletzungen zuziehen oder sich vergiften. Verschluckt die Katze einen Fremdkörper, übergibt sich später und riecht das Erbrochene nach Exkrementen: sofort zum Tierarzt! Der Tierarzt untersucht und behandelt die Katze und findet hoffentlich heraus, warum sie unverdauliche Sachen frisst. Beim Pica-Syndrom handelt es sich um eine erbliche Zwangsstörung. Betroffene Katzen gehören auf keinen Fall in die Zucht! Auch Stress, Langeweile, Einsamkeit oder zu frühes Entwöhnen der Kitten kann zum Pica-Syndrom führen bzw es begünstigen. Kitten entspannen beim Saugen. Werden sie zu früh abgesetzt, bleibt der Saugreflex bestehen und die Kleinen saugen an Gegenständen herum. Diese (oder Teile davon) können dabei von den Kitten verschluckt werden. Auch aufgrund von Mangelerscheinungen fressen Katzen mitunter ungeeignete Dinge, z.B. Holzspäne, Katzenstreu usw. Der Tierarzt kann durch eine Blutuntersuchung herausfinden, ob irgendein Mangel besteht. Dieser kann etwa durch eine Futterumstellung, Injektionen oder Medikamente behoben werden. Auch andere organische Leiden, wie z.B. Nieren- oder Leberschäden, Anämie (Blutarmut) usw können auf diese Weise bestätigt bzw ausgeschlossen werden. Es gibt verschiedene Möglichkeiten, die Katze zu behandeln. Natürlich sollte man sich an den Tierarzt wenden. Keinesfalls sollte auf ein Trockenfutter umgestellt werden, wie ich unlängst in einem sonst recht interessanten Beitrag zum Thema lesen konnte. Dies würde zu Wassermangel führen, Blasen-, Zahn-, Nieren- und viele weitere schwere Krankheiten begünstigen. Oft hilft es, artgerechtes Futter anzubieten. Rohfleisch kann man etwa in mausgroße Stücke schneiden. Man kann auch ganze Frostmäuse, -ratten und Eintagsküken anbieten (roh! Dass die Futtertiere tot sein müssen, brauche ich nicht erwähnen, oder? Der Fang eines lebenden Kleintiers ist für die Katze ein artgerechter „Spaß", für das Kleintier wohl eher weniger.....). Man sollte versuchen, Stress und Langeweile zu vermeiden. Die Katze sollte viel Beschäftigung und eine katzengerechte Umgebung haben. Freilauf ist gut, soweit realisierbar. Aber auch Spiele und eine katzengerecht eingerichtete Wohnung (viele katzengerechte Verstecke, wie katzengeeignete Pflanzen, Versteckmöglichkeiten wie Pappkartons, Kratzbäume, Bretter an der Wand, dicke Balancierseile usw) können helfen. Hat eine reine Wohnungskatze keinen Katzenkumpel, sollte sie schnellstens einen bekommen. Denn Katzen sind zwar eigenbrötlerisch, aber keine reinen Einzelgänger. Und gerade orientalische Katzen schätzen die Gesellschaft anderer Katzen und leiden als Einzelkatzen oft sehr. Stressfaktoren sollten (soweit möglich) vermieden werden. „Interessante Gegenstände", die die Katze beknabbert, aber eigentlich in Ruhe lassen soll, werden am besten entfernt. Manchmal helfen medikamentöse Behandlungen (in Absprache mit dem Tierarzt) oder Behandlungen mit Naturheilkunde (ebenfalls mit dem Tierarzt oder Tierheilpraktiker abzusprechen). Eine Verhaltenstherapie ist ebenfalls denkbar. Es gibt Tierärzte, die über eine entsprechende Zusatzausbildung verfügen. Eine Katze mit Pica-Syndrom darf niemals bestraft werden, wenn sie an Dingen herumfrisst. Sie kann nichts dafür, dass sie krank ist und versucht dadurch, ihr Leiden zu lindern. Man sollte aber alle ungeeigneten Dinge aus ihrer Reichweite entfernen.

**Katzenkauf**

<u>Vorüberlegungen</u>

Katzen können fast überall glücklich sein. Man sollte sich die An-schaffung genau überlegen, denn die Katze soll für die nächs-ten 20-25 Jahre unser Mitbewohner sein (die ältesten bisher be-kannten Katzen wurden sogar 36 und 38 Jahre alt!). Einige Kat-zen erreichen die 20 Jahre nicht, viele werden aber sogar älter (gute Haltung, Fütterung und Gesundheit vorausgesetzt). In Deutschland dürften derzeit etwa 8 Millionen Katzen leben. Die Tierheime suchen verzweifelt nach Katzenfreunden, die eines oder mehrere Tiere bei sich aufnehmen. Hin und wieder suchen auch Rassekatzen auf diesem Weg ein neues Zuhause, auch Orientalen. Katzen, die Freilauf gewohnt sind, lassen sich oft nicht so einfach in eine reine Wohnungshaltung verfrachten. Kit-ten, die nie draußen herumstrolchen durften, akzeptieren eine reine Haushaltung dagegen in aller Regel. Die Wohnung sollte allerdings so eingerichtet werden, dass die Katze auf ihre Kosten kommt. Reine Wohnungshaltung hat Vor- und Nachteile: man weiß immer, wo die Katze ist, und nichts kann ihr passieren. Für die Katze kann reine Wohnungshaltung allerdings sehr langwei-lig werden, manche werden sogar aggressiv und zerlegen die ganze Einrichtung. Freiläufer sehen sich mitunter Gefahren wie Straßenverkehr, schießwütigen Jägern, größeren Beutegreifern oder katzenhassenden Nachbarn gegenüber. Wenn die Katze Freilauf möchte und ein relativ gefahrloser Freilauf möglich ist, bin ich schon dafür, ihr diesen zu gewähren. Allerdings kann ich auch verstehen, dass gerade Halter von Rassekatzen ihre Ängste haben, dass die Katze beispielsweise gestohlen werden könnte. Andernfalls kann eine Katze auch als reine Wohnungs-katze gehalten werden, aber auch hier ist einiges zu beachten, damit die Katze glücklich ist. Die meisten Katzen würden aber wahrscheinlich Freilauf einer reinen Wohnungshaltung vorzie-hen, wenn sie die Wahl hätten. Bevor die Katze ins Haus kommt, sollten eventuelle Allergien ausgeschlossen werden. Aber auch einiges anderes muss man beachten, bevor die Katze ins Haus kommt. Vor der Anschaffung sollten eventuelle Allergien ausgeschlossen sein. Wohnt man nicht im Eigenheim, sollte man sich absichern, dass Katzenhaltung tatsächlich erlaubt ist.

Es werden bei uns nur rund 10-20 % Rassekatzen oder Kreuzlinge aus Rassekatzen gehalten. Für eine orientalische Rassekatze zahlt man mindestens 500 €. Solche Preise können nur verlangt werden, wenn die Kitten aus einer anerkannten Zucht stammen, der Züchter Ahnentafeln für die Kitten bekommt, die Abstammung nachweisbar, die Eltern zuchtzugelassen und erbgesund sind, ein einwandfreies Wesen haben usw. Bis das soweit ist, muss der Züchter einiges an Mühe und Geld investieren, sich Wissen über Zucht, Katzen allgemein, Rassewissen, Genetik usw aneignen. Eine Rassekatze, die zur Zucht zugelassen werden soll, muss nicht nur schön sein und ein einwandfreies Wesen haben, sie darf auch keine Zuchtdefekte vererben. Aber auch Kreuzlinge oder rasselose Miezen bestechen durch ihre Schönheit und ihr liebenswertes Wesen. Es gibt ja auch den einen oder anderen liebenswerten Orientalen-Kreuzling. In den Tierheimen warten zahllose erwachsene Katzen (manchmal auch Kitten oder Rassekatzen) auf ein verantwortungsvolles, dauerhaftes Zuhause. Wer dieses Buch liest, interessiert sich für die Orientalen. Der Katzenfreund sollte sich genauestens über die Rassen informieren (durch Bücher, Zuchtvereine ect) und sich nach einem Züchter umsehen. Adressen bekommt man bei den Rassekatzenzuchtvereinen. In Tierheimen muss man für rasselose Katzen, aber auch für Rassekatzen eine Schutzgebühr zahlen, die einen Teil der Kosten, die das Tier bis zur Abgabe verursacht hat, abdecken soll. Hier kann man auch manchmal günstiger zu einer Rassekatze kommen. Allerdings darf der Kaufpreis alleine kein Argument für oder gegen eine Rassekatze sein. Sowohl Rassekatzen als auch rasselose Katzen können wundervolle Gefährten sein. Und man darf nie auf den Gedanken kommen, eine orientalische Rassekatze als hübschen Gegenstand zu betrachten und bloß deshalb halbwegs vernünftig zu behandeln, weil sie so teuer war! Wer sein Herz an eine orientalische Rasse verloren hat, sollte sich dahingehend umsehen.

### Kätzin oder Kater? Welches Alter?

Um das Geschlecht einer Katze zu erkennen, hilft ein Blick auf die Geschlechtsöffnung. Diese ist beim Kater rund, bei einer Kätzin länglich. Beim nicht kastrierten Kater sollten die Hoden sicht- und fühlbar sein (beim Jungtier sind die Hoden meist noch nicht abgestiegen, also etwas Geduld). Katzen, die nicht zur Zucht vorgesehen sind, sollten kastriert werden. Die Kätzin sollte mit spätestens 6 Monaten kastriert werden, der Kater mit spätestens 8 Monaten. Eine Kätzin kann man aber auch schon mit 3 Monaten kastrieren lassen. Eine nicht kastrierte Kätzin markiert mit Harn, und sie wird rollig. D.h., sie ist paarungsbereit. Sie rollt sich auf dem Boden hin und her, streckt einem ihr Hinterteil entgegen und schreit markerschütternd nach einem Kater. Das ist weder für Katze noch Mensch schön. Eine Kätzin kann dauerrollig werden, das macht sie für Gebärmutterleiden anfälliger. Die nicht kastrierte Kätzin wird ca. 2-3 mal im Jahr rollig. Ist sie Freiläufer, kann sie ebenso viele Male Kitten bekommen, und das ist absolut verantwortungslos seitens des Katzenhalters! Sie kann auch mit Harn markieren. Auch nicht kastrierte Kater markieren mit Harn, innerhalb und außerhalb des Hauses). Beim Kater, der nicht kastriert ist, riecht das sehr penetrant. Zu viele nicht kastrierte Katzen sorgen Jahr für Jahr für Schwemmen ungewollter Kitten, die in den Tierheimen landen, ausgesetzt oder qualvoll ermordet werden. Jeder Halter einer Freigängerkatze, die nicht kastriert ist, macht sich am Katzenelend mitschuldig. Auch halbwilde Katzen, die vom Menschen mit Futter versorgt werden, müssen kastriert werden. Dabei werden beim Kater die Hoden entfernt, bei der Kätzin die Gebärmutter und Eierstöcke. Am besten, Kätzin und Kater werden schnellstmöglich kastriert, soweit sie nicht zur Zucht vorgesehen sind. Sowohl Kätzin als auch Kater sind liebevolle, anhängliche Gefährten. Nach der

Kastration werden sie meistens sogar noch anhänglicher. Sie strolchen, sofern sie in den Genuss des regelmäßigen Freigangs genießen dürfen, auch weniger draußen umher und werden so weniger Straßenverkehrsopfer. Ein Kater, der einer rolligen Kätzin auf der Spur ist, sieht und hört nämlich nichts anderes mehr. Und auch die rollige Kätzin versucht alles, um zu einem Kater zu kommen. Übrigens: beide Geschlechter haben Zitzen! Ob man einer Kätzin oder einem Kater den Vorzug gibt, ist Geschmackssache, sofern man nicht später an eine eigene Zucht denkt. Beide können anhängliche Freunde werden. Kater sind oft etwas kräftiger und größer als Kätzinnen. Allerdings nicht grundsätzlich. Anhängliche und liebevolle Freunde sind beide. Ein Kitten sollte mindestens 10-12 Wochen, ggfs auch etwas älter sein, wenn es abgegeben wird. Es lernt in den ersten Wochen die Sprache und Verhaltensweisen der Katzen bzw verfeinert sie. Zu früh von der Mutter getrennte Kitten haben oft zeitlebens Verhaltensstörungen. Oft sind sie ängstlich, aggressiv oder klammern sehr an ihren Menschen, was mit der Zeit anstrengend und sehr nervig sein kann. Man kann aber auch eine deutlich ältere Katze ins Haus holen. Auch erwachsene Katzen können zutrauliche Freunde werden. In manchen Fällen passt es sogar besser in die Lebenssituation des Halters, eine ältere Katze aufzunehmen, die „aus dem Gröbsten heraus ist". Zwar ist die erwachsene Katze nicht mehr das niedliche, tapsige Kitten. Aber sie ist dennoch ein liebevoller Begleiter. Eine ältere Katze hat auch Vorteile. Man muss sie nicht mehr sozialisieren, man kann sie alleine lassen, vielleicht ist sie sogar schon kastriert, und ihr Charakter ist gefestigt. Man weiß also, auf was man sich einlässt. Beim Kitten prägt man den Charakter noch mit. Zweifelsohne ist ein wunderschön, ein Kitten (ggfs auch zwei gemeinsam) aufwachsen zu sehen. Die Entwicklung vom tapsigen, tollpatschigen Kätzchen zur stolzen, erwachsenen Orientalin mit ansehen zu können, hat durchaus viele Reize. Aber auch eine erwachsene Katze in ihrem neuen Heim aufblühen zu sehen, beschert einem viele Glücksmomente. Die Aufnahme einer erwachsenen Katze kann sich als deutlich stressärmer erweisen als die einer tollpatschigen

Babykatze, die das ganze Haus auf den Kopf stellt. Beides hat seine Berechtigung, und man sollte je nach Lebenssituation entscheiden. Hat man weniger Zeit, sich ausreichend um das Kitten zu kümmern, leiden die Nerven zu sehr, wenn das Kitten einiges anstellt, kann die Übernahme einer älteren Katze die erste Wahl sein. Beides ist schön: die Übernahme eines (oder mehrerer) Kitten, aber es gibt auch viele wundervolle ältere Katzen, die ein liebevolles, dauerhaftes Zuhause suchen.

## Eine oder mehrere Katzen?

Es hält sich zwar hartnäckig das Gerücht, Katzen seien Einzelgänger, doch dem ist nicht so. Katzen sind eigenbrötlerisch, aber keine reinen Einzelgänger. Es gibt Katertreffen, Treffen von Kätzinnen. Und besonders in der reinen Wohnungshaltung tut man der Katze nichts Gutes, wenn man sie alleine hält. Einzelhaltung kann bei reinen Wohnungskatzen sogar Aggressionen fördern. Es ist niemand zum Spielen und Kuscheln da (zumindest kein Artgenosse), niemand macht Futter und Schlafplätze streitig, niemand balgt mit der Katze, niemand spricht dieselbe Sprache. Es gibt Katzen, die unverträglich sind oder sich alleine tatsächlich wohlfühlen. In diesem Fall ist Einzelhaltung in Ordnung. Auch wenn man eine Freigängerkatze hält, die draußen auf ihre Kosten kommt und dort auch Kontakte zu anderen Katzen hat, kann Einzelhaltung möglich sein. Reine Wohnungskatzen haben aber oft Langeweile, selbst wenn ihr Mensch sich viel zu ihrer „Bespaßung" einfallen lässt. Reine Wohnungskatzen sind zu zweit oder zu mehreren meist viel ausgeglichener. Und manch ein aggressiver, reiner Stubentiger wurde sanft und liebenswert, als er einen Artgenossen zugesellt bekam. Die Zusammenführung sollte natürlich passen. Beide (bzw alle) Katzen sollten kastriert sein bzw es wenn die Zeit kommt werden. Sie sollten charakterlich zusammen passen und sich in der Wohnung auch aus dem Weg gehen können. Jede Katze braucht eigene Fressnäpfe, ein eigenes Katzenklo (bei mehreren Katzen mindestens ein Klo mehr als man Katzen hält, sofern es keine Freiläufer sind – in diesem Fall reicht ein Klo pro Katze aus), einen eigenen Schlafplatz, ggfs. eigenes Spielzeug und Kratzutensilien. Natürlich maximiert sich auch der finanzielle Aufwand für die Katzen. Für soziale Kontakte ist mit einer zweiten Katze gesorgt, und die Katzen haben nie Langeweile – ein großer Vorteil für alle Seiten. Man kann zwei Kätzinnen, zwei Kater oder ein „Pärchen" nehmen, ggfs. natürlich auch mehr als zwei Katzen. Jede Katze braucht einen eigenen, ungestörten Rückzugsort. Alle Katzen sollten kastriert werden, sofern sie nicht zur Zucht vorgesehen sind. Zwei Kitten aus demselben Wurf harmonieren oft sehr gut. Auch eine ältere und eine junge Katze können gut zusammenpassen, man sollte aber auf einen ähnlichen Charakter achten (nicht unbedingt einen quirligen Orientalen mit einem phlegmatischen Perser vergesellschaften). Zwei Kitten aus verschiedenen Würfen können harmonieren, aber auch eine ältere und eine jüngere Katze. In letzterem Fall sollte man viel Fingerspitzengefühl walten lassen, und beide Katzen brauchen viel Freiraum und einen eigenen Platz, wo sie ihre Ruhe haben und nicht von der anderen Katze, anderen Haustieren oder Menschen gestört werden. Natürlich müssen die Tiere sorgfältig aneinander gewöhnt werden, damit sich keines zurückgesetzt fühlt und vielleicht mit Verhaltensstörungen (z.B. Zerstörungswut, Unsauberkeit, Aggression) reagiert oder sich zurückzieht. Zwei Kater und ein Kater und eine Kätzin verstehen sich meist gut (alle kastrieren lassen). Zwei Kätzinnen kommen oft gut miteinander aus, aber manchmal gibt es auch etwas „Zickenkrieg".

Katzenkauf beim Züchter

Wenn man sich für eine orientalische Katze interessiert, sollte man sich nach ihren Eigenheiten, Abstammung usw erkundigen. Es gibt weitere Bücher, die sich mit speziellem Rassewissen beschäftigen, das Internet kann eine Quelle sein, auch Katzenhalter, die eine oder mehrere orientalische Katzen besitzen. Außerdem sollte man sich mit einem Rassekatzenzuchtverein in Verbindung setzen und sich dort Züchteradressen besorgen. Die Vereine und Züchter können den Interessenten ebenfalls beraten. Auch auf Katzenausstellungen kann man Kontakte zu Züchtern knüpfen und sich die Orientalen in natura ansehen. Termine geben de Katzenvereine bekannt. Auch in Fachzeitschriften kann man entsprechende Inserate finden, ebenso über die Website der Zuchtvereine im Internet. Eventuell kann auch der Tierarzt Kontakte vermitteln. Ein Rassekatzenzüchter ist einem Zuchtverein angeschlossen und hält sich an die Zuchtbestimmungen des Vereins. Beim Verein kann man auch Wurfmeldungen anfragen, d.h., wo es gerade Kitten gibt oder wo demnächst Würfe zu erwarten sind. Möchte man mit der Katze später auf Ausstellungen gehen und eventuell züchten, muss sie dem Standard entsprechen. Das Jungtier kann man dahingehend auswählen, allerdings entwickeln sich die kleinen Orientalen auch manchmal anders als erwartet oder es stellen sich später Erbfehler, Krankheiten ect heraus, die die Katze von der Zucht ausschließen. Kitten, die schon in jungem Alter gewisse Fehler zeigen, werden manchmal etwas günstiger in Liebhaberhände abgegeben. Solange die Fehler Wesen und Gesundheit nicht negativ beeinflussen, kann man sie in Kauf nehmen, aber das Tier sollte nicht in die Zucht. Hat die Katze beispielsweise eine falsche Augenfarbe, ist aber sonst wesensfest und gesund, kann sie immer noch eine gute Hauskatze sein – natürlich bleibt sie dann eine „Liebhaberkatze" ohne Nachkommen. Erwachsene Rassekatzen sehen beispielsweise in der Farbe manchmal etwas anders aus als im Kittenalter. So werden Pointkatzen wie unsere Siamesen oder Balinesen völlig weiß geboren; die Points fangen erst nach ein paar Tagen bis Wochen an, sich heraus zu bilden. Manchmal sind die Katzen erst mit etwa einem Jahr oder später völlig ausgefärbt. Auf Zuchtschauen kann man mit Liebhabern, Züchtern, Haltern und Deckkaterhaltern ins Gespräch kommen und sich informieren. Beim Kauf einer Rassekatze bekommt man eine Ahnentafel ausgehändigt, die der zuständige Zuchtverein ausstellt. Die Ahnentafel (Stammbaum) enthält mindestens 4 Ahnenreihen des Kittens, also Eltern, Großeltern, Urgroßeltern usw sowie die Geschwister des Wurfs. So kann man die Abstammung der Katze zurückverfolgen, die Angaben in der Ahnentafel erfolgen aus den Angaben des Zuchtbuchs. Angegeben werden Namen und Zuchtbuchnummern sowie Farben und eventuelle Zuchtschauergebnisse. Man erhält auch einen Impfpass mit den bis dahin gemachten Impfungen. Er gehört zum Tier und wird vom Tierarzt ausgestellt, der alle vorgenommenen Impfungen (z.B. Tollwut) einträgt. Eventuell bekommt man auch einen EU-Heimtierpass. Die Kitten sollten mindestens 1-2 mal entwurmt sein. Der Züchter sollte über seine Katzen Bescheid wissen, die Katzen sind voll ins Haushaltsgeschehen integriert. Weiß der auch über seine Nachzucht Bescheid? Waren seine Katzen erfolgreich auf Ausstellungen? Besitzt er auch ältere Tiere, die für die Zucht zu alt geworden oder nicht geeignet sind? Das wäre ein gutes Zeichen, es spricht dafür, dass dem Züchter die Katzen nicht egal sind. Gibt der Züchter bereitwillig Auskunft? Die Katzen haben katzengerechtes Spielzeug, ordentliches Futter (keinen Billiggetreidemüll, sondern BARF und/ oder gutes Nassfutter!), alles ist möglichst sauber, es riecht nicht unangenehm. Es ist zu begrüßen, wenn die Katzen (und Kitten) in einen abgesicherten Garten oder ein Freilaufgehege dürfen. Der Züchter drückt einem das Kitten nicht kommentarlos in die Hand, sondern es interessiert ihn, wo seine Schützlinge landen. Viele Züchter geben Einzelkitten auch nicht in reine Wohnungshaltung ab. D.h.: entweder später Freilauf, oder eine zweite Katze! Die Tiere sind sauber und gepflegt, in den Wohnbereich des Züchters integriert und aufgeschlossen. Alles ist sauber, wenn auch nicht klinisch rein. Liegengebliebene Hausarbeit kann beim Aufziehen des Wurfs aber schon mal vorkommen. Die Kitten (und erwachsenen Katzen) sind sauber, haben keinen Ausfluss oder Verschmutzungen der Augen oder Körperöffnungen, sie haben keine Parasiten, keine gerötete Haut und Augen und stinken nicht. Auch die Ohren sind sauber. Das Fell ist glänzend, glatt und weich. Die Katzen sind aufgeschlossen, lebhaft, aber nicht aggressiv und sie verkriechen sich auch nicht beim Anblick eines Besuchers oder des Züchters. Rassetiere ohne Ahnentafeln, die zum halben Preis angeboten werden, können später teuer werden, weil keine Zuchtkontrolle stattgefunden hat. Die späteren Tierarztkosten können den Kaufpreis einer solchen Katze stark übertreffen (obwohl auch eine (Rasse-) Katze ohne Papiere eine liebe und gesunde Katze sein kann!). Man lässt sich das gesamte Territorium, in dem die Katzen leben, zeigen. Wird man nur in ein kleines Zimmerchen geführt und darf den Rest der Zuchtstätte nicht sehen, oder werden nacheinander verschiedene Katzen ins Zimmer geholt und wieder weggebracht, sollte man vom Kauf Abstand nehmen. Vorsicht ist auch geboten, wenn der Züchter dauernd Jungtiere abzugeben hat, oder wenn es zwei oder drei Würfe gleichzeitig sind (obwohl es schon mal unglücklich hinkommen kann). Kitten werden auch nicht in Kellern oder draußen in Verschlägen aufgezogen, sie sind voll in das Haushaltsgeschehen integriert. Es ist jedoch zu begrüßen, wenn sie in einen gesicherten Auslauf bzw in einen gesicherten Garten/ abgesichertes Gehege dürfen oder einen abgesicherten Balkon o.ä. zur Verfügung haben. Hier und auch im Haushalt lernen sie verschiedene Umwelteinflüsse kennen. Im Haus des Züchters sind das z.B. andere Menschen, die sich liebevoll mit den Kitten beschäftigen, Besucher, Staubsauger, die Katzen haben Kratzutensilien und verschiedenes Spielzeug usw. Eventuell leben hier auch weitere Haustiere wie z.B. Hunde.

Man sollte auch misstrauisch sein, wenn der Züchter mehr als eine, maximal zwei Rassen „in Angebot" hat (diese sind dann bei seriösen Züchtern aber oft eng miteinander verwandt). Neben dem Impfpass bekommt man auch einen Kaufvertrag und eine Ahnentafel für das Kitten. Seltsame Klauseln sollte man nicht unterschreiben. Auch wenn der Züchter unseriös oder unsympathisch erscheint, gehört er nicht weiter auf die Liste. Meist wird erst eine Anzahlung für das Kitten geleistet und der Rest bei Abholung gezahlt. Dann sollte man auch die Ahnentafel, den

Impfpass und eventuell einen Heimtierausweis vom Züchter mitbekommen. Die Mutter ist auf jeden Fall bei den Kitten, den Vater wird man nicht immer kennenlernen dürfen. Hat die Mutter ein freundliches Wesen? Ist sie scheu oder kratzbürstig, kann sich das durch Vererbung oder Vorleben auf die Kitten übertragen. Der Züchter sollte alle Fragen sachkundig und ehrlich beantworten. Stellt er viele Fragen, ist das ein gutes Zeichen, denn es ist ihm nicht egal, wo seine süßen Kitten landen. Viele Katzenhalter haben nach dem Kauf noch viele Fragen an den Züchter, und dann ist es gut, wenn man einen guten Draht zueinander hat.

## Tierheim und Nothilfeorganisationen

Auch im Tierheim warten viele Katzen auf ein schönes, dauerhaftes Zuhause. Warum nicht einmal hier vorbeischauen? Mitunter bekommt man hier Kitten und auch Rassekatzen oder Kreuzlinge aus verschiedenen Rassen, meistens jedoch wundervolle ältere Katzen, die eher selten einer Rasse angehören. Für Berufstätige, die weniger Zeit haben, sich ausreichend um ein oder zwei Kitten zu kümmern, kann eine ältere Katze die richtige Wahl sein. Ggfs kann man auch über einen Zuchtverein an ältere Orientalen kommen, die ein neues Zuhause suchen. Manchmal ist eine ältere Katze die bessere Wahl, wenn man scheinbar „nicht genug Nerven für eine ganz Junge" hat, ebenso wenn man einfach einer älteren, ungewollten Katze einen schönen Lebensabend bieten möchte. Ältere Katzen sind nicht mehr – ganz - so quirlig wie Kitten und haben schon ein gefestigtes Wesen. Es gibt viele Gründe für oder gegen ein Kitten – genauso verhält es sich mit älteren Katzen. Wer kleine Kinder hat, ist vielleicht mit einer jungen, ausgewachsenen Katze besser beraten. Diese kann sich ungestümen Kinderhänden schon entziehen. Allerdings sind gesunde, gut sozialisierte Orientalen meist wahre Kinder- und Hundefreunde. Vielen Menschen ist das Alter der Katze auch schlicht egal – Hauptsache sie ist lieb und passt in den Haushalt. Und auch alte Katzen können noch tolle Gefährten werden.

Eine ältere Katze, aber auch Kitten, findet man im Tierheim. Es gibt auch private Pflegestellen, die Katzen solange in ihrem privaten Haushalt betreuen, bis sie ein endgültiges Zuhause gefunden haben. Kontakte können die Tierheime vermitteln. Die Katze sollte ausreichend geimpft und entwurmt sein (mit Nachweis – Impfpass), eventuell verfügt sie über ein Gesundheitszeugnis. Sie sollte gechipt und/ oder tätowiert sein, über die im Chip oder in der Tätowierung gespeicherte Nummer sollte die Katze auch registriert werden (z.B. über das Haustierregister TASSO), so dass sie im Zweifelsfall identifiziert werden kann. So kann man auch nachweisen, dass man der Eigentümer der Katze ist. Bei Rassekatzen wird die Chipnummer auch in der Ahnentafel eingetragen. Tätowiert werden Katzen in den letzten Jahren seltener, sondern eher gechipt, weil das nicht so aufwendig und für die Katzen stressfreier ist. Es gibt vollkommen unkomplizierte Katzen in den Tierheimen, die prima Kameraden werden und sich sofort in ihrem neuen Zuhause einleben. Es gibt aber in den Tierheimen auch Katzen, die weniger Glück in ihrem bisherigen Leben hatten. Viele wurden ausgesetzt, misshandelt oder eingezogen. Ein solches Tier braucht viel Zeit, um sich einzugewöhnen. Nicht alle werden „Schmusetiger", sondern bleiben lieber etwas für sich. Wenn man solchen Katzen ihren Freiraum lässt und ihnen die nötige Zeit gibt, können sie dennoch anhängliche Gefährten werden. Viele Tierheimkatzen sind völlig unkompliziert, andere haben viel mitgemacht und sind schwieriger. Die Tierheimkatze ist kastriert (Kätzinnen können schon mit 3 Monaten kastriert werden, spätestens mit 6 Monaten sollte die Kastration vollzogen sein, beim Kater mit spätestens 8 Monaten). Sollte die Katze zu jung zum Kastrieren sein, verpflichtet sich der neue Halter, die Kastration umgehend nachzuholen und nachzuweisen (die Kastration wird im Impfpass eingetragen, außerdem kann der Tierarzt einen schriftlichen Nachweis über die Kastration ausstellen). Natürlich werden sich die Tierheimmitarbeiter genau über die zukünftige Haltung der Katze informieren und auch später einen Kontrollbesuch abstatten (bei meiner Katze damals mit Termin, aber meines Wissens dürfen

Tierheimmitarbeiter auch unangemeldet „auftauchen"). Es gibt auch Katzenfreunde, die verwaiste Kitten mit der Flasche aufziehen und dann an verantwortungsbewusste Katzenfreunde abgeben. Im Übrigen zahlt man auch für eine Tierheimkatze eine kleine Schutzgebühr, die einen Teil der Kosten, die die Katze bis zur Abgabe verursacht hat, abdecken soll (Impfungen, Kastration usw). Ich habe für meine Tierheimkatze 50 € bezahlt, aber es kann auch deutlich teurer ausfallen. Damit wollen sich die Tierheime auch vor unseriösen Interessenten schützen. Wer nicht bereit ist, einen kleinen Obolus für eine Tierschutzkatze zu bezahlen, wird nicht in der Lage oder gewollt sein, das Tier adäquat zu versorgen. Auch über Zeitungsannoncen, im Internet (z.B. Facebook, Ebay-Kleinanzeigen) o.ä. werden häufig Katzen angeboten (Züchter inserieren auch in Fachzeitschriften). Hier gibt es Katzenfreunde, denen es wirklich nur darum geht, dass die Kitten ein gutes Zuhause bekommen. Da stellt sich allerdings die Frage, warum das Muttertier nicht schon längst kastriert war. Solche Menschen ziehen die Kitten oft liebevoll auf und lassen sich die Kosten für Futter, Impfungen u.ä. zurückerstatten. Und dann gibt es da noch die unseriösen Geschäftemacher, Tierhändler und Vermehrer, denen es nur um den schnellen Euro geht. Die Kätzinnen bekommen so oft wie möglich Nachwuchs, haben keine Gesundheitsüberprüfung, bekommen ebenso wie die Kitten billigstes Fressen und an Impfungen, Entwurmungen und gesundheitlichen Untersuchungen wird natürlich ebenso gespart wie an artgerechter Sozialisierung und Unterbringung. Auch wenn es schwer fällt: solche Machenschaften darf man nicht durch den Kauf eines oder mehrerer Kitten unterstützen. Sind alle Kitten verkauft, wird umgehend der nächste Wurf produziert. Im Zweifelsfall sollte man sich an das Tierheim wenden oder den Amtstierarzt benachrichtigen, um in besagter „Zucht"-Stätte einmal nach dem Rechten zu sehen; wirbt der „Züchter" mit Papieren, müsste er ja einem Zuchtverein angeschlossen sein; auch diesen sollte man dann kontaktieren. Leider kommt es durchaus vor, dass Rassekitten (und auch Rassehundewelpen) in Zoofachgeschäften angeboten werden. So etwas darf man auf keinen Fall unterstützen, ebenso wie den Kauf auf Hinterhöfen oder auf Tiermärkten. Selbst wenn es im Tiergeschäft sauber und ordentlich erscheint, die Mutter bei den Kitten ist und die Kitten einem niedlich schnurrend entgegen kommen: so sieht keine artgerechte Kittenaufzucht aus – Sondergenehmigung hin oder her. Entweder, man kauft ein Kitten/ erwachsene Katze beim seriösen Züchter, im Tierheim oder über eine private Pflegestelle (da schließe ich jetzt mal Bauernhöfe und „versehentliche" Kitten in Privathaushalten ein) – keinesfalls unterstützt man unseriöse Tierhändler, Vermehrer oder Kastrationsmuffel, die meinen, ihr Kater oder ihre Kätzin müsse unbedingt einmal Nachwuchs haben.

Übrigens: natürlich kann man eine Tierheimkatze zurückgeben, wenn es nicht funktioniert. Das sollte aber die allerletzte Option sein, denn die Katze hat dann nur noch mehr Vertrauen eingebüßt.


## Findelkatze

Vielleicht streift eines Tages eine fremde Katze durch den Garten. Vielleicht kommt sie öfter, irgendwann jeden Tag. Man kauft frisches Fleisch, Trockenfleisch oder -fisch oder gutes Dosenfutter, die Katze holt sich nun jeden Tag ihre Portion ab – und schon hat man Freundschaft geschlossen! So erging es mir auch schon, auch wenn Streuner, wie ich die Kätzin taufte, stets zurückhaltend blieb. Streuner, eine normale Hauskatze, keine Orientalin, wurde kastriert und täglich mit Futter versorgt. Leider war sie derart scheu, dass es uns erst nach zwei Würfen (!) gelang, sie für die Kastration einzufangen. Darauf bin ich wahrlich nicht stolz. Zwei ihrer Nachkommen wurden von uns nun mit versorgt, die restlichen auf einen Bauernhof vermittelt. Sie war tatsächlich „herrenlos" und stammte wahrscheinlich von einem Bauernhof in der Nähe. Es kommt jedoch vor, dass eine Katze zwischen zwei Häusern hin und her pendelt, hier und dort ihren Schlafplatz und ihr Futter hat. Man sollte sich deshalb genau vergewissern, dass die Katze tatsächlich niemanden gehört, wenn man sie füttern und kastrieren lassen will. Einfach mal in der Straße, im Dorf herumfragen, ob die Mieze ein Zuhause hat, wo sie versorgt wird. Ist die Katze scheinbar gut gepflegt und ernährt, hat sie wahrscheinlich ein Zuhause. Wirkt sie dürr, ausgehungert und struppig ist die Wahrscheinlichkeit groß, dass es sich tatsächlich um einen herrenlosen „Streuner" handelt. Nun sollte man das Tierheim benachrichtigen, vielleicht wird die Katze schon irgendwo schmerzlich vermisst. Allerdings kommt es eher selten vor, dass Rassekatzen draußen herrenlos herumstromern. Man sollte vom Tierarzt checken lassen, ob die Katze gechipt ist, in diesem Fall kann man auch den Besitzer ausfindig machen. Dennoch sollte man die Katze regelmäßig füttern und versuchen, ihr Vertrauen zu gewinnen. Der Streuner sollte schnellstens kastriert werden. In einigen Gemeinden werden solche Kastrationen von halbwilden Katzen vom Tierschutzverein bezuschusst, andernfalls muss man die Kastration alleine bezahlen – schließlich will man die Katze haben – oder? Der Tierarzt sollte die Katze auch entwurmen und zumindest grundimmunisieren. In der Regel kann man die Katze behalten, wenn sich innerhalb von 6 Monaten kein Eigentümer meldet. Die Wahrscheinlichkeit, auf diese Weise eine Rassekatze zu bekommen, ist allerdings recht gering, wenn auch nicht völlig ausgeschlossen.

Finanzieller Aufwand

Man sollte den finanziellen Aufwand bedenken, den die Katze verursachen wird, wenn sie einzieht. Ein Rasseorientalenkätzchen bekommt man mit Ahnentafel ab etwa 500 € (evtl. auch darüber). Im Tierheim kann man manchmal Rassekatzen für eine geringe Schutzgebühr bekommen – was aber kein ausschlaggebendes Argument für oder gegen eine Rassekatze sein sollte... Bei meiner Tierschutzkatze waren es 50 € (deutliche Schwankungen möglich!). Diese Schutzgebühr soll vorangegangene Kosten, die das Tier bis zur Abgabe verursacht hat, teilweise abdecken (Kastration, Impfung, Kennzeichnung, Betreuung usw). Außerdem trennt sich hier die Spreu vom Weizen: wer den kleinen Obolus nicht bezahlen kann oder will, wird wahrscheinlich auch nicht gewillt oder nicht in der Lage sein, die Tierschutzkatze ein Leben lang gut zu versorgen. Dazu kommt die Ausstattung (Näpfe, Decke, Körbchen, Transportkorb, Spielzeug, Katzentoilette, Pflegeutensilien, eventuell Leine und Geschirr usw). Hier sollte man etwa 100-200 € einplanen. Für die Kastration sollte man etwa 50-130 € (eventuell etwas darüber, beim Kater etwas günstiger als bei der Kätzin) einplanen. Die jährlichen Unterhaltskosten für eine Katze dürften bei etwa 500 € liegen (Futter, Tierarzt, Katzenstreu ect). Im Laufe ihres Lebens kostet eine Katze also rund 10.000-12.500 € (Anschaffung und Kastration nicht mitgerechnet), wenn man eine durchschnittliche Lebenserwartung von 20-25 Jahren annimmt (gute Zucht, Aufzucht, Haltung und Fütterung vorausgesetzt!). Je nach den Umständen können diese Kosten natürlich schwanken.


Abholung, Eingewöhnung, Ausstattung & Co.

Bevor die Orientalin einzieht, muss alles bereitstehen. Die Katze benötigt einige Utensilien. Eine **Transportbox** benötigt man, um die Katze von A nach B zu transportieren, beispielsweise zum Tierarzt, aber auch schon beim Abholen, wenn das Tier ins Haus kommt, ist eine Katzenbox nötig. Eine Hartplastikbox ist am besten. Hinein kommt ein Handtuch oder eine Decke. Die Hartplastikbox lässt sich leicht reinigen. Rattankörbe sind schwer zu reinigen und die Verschlüsse halten oft nicht, so dass die Katze sich hinauszwängen kann. Die Katze – egal ob Freigänger oder nicht – benötigt eine **Katzentoilette**. Bei reinen Wohnungskatzen sollte man immer mindestens eine Kiste mehr aufstellen als man Katzen hat, oder jede Katze bekommt zwei Kistchen, da Katzen es bevorzugen, ihre Ausscheidungen getrennt abzusetzen. Bei Freigängern reicht eine Schale pro Katze. Schon Kitten benutzen instinktiv die Katzentoilette. Ich bevorzuge Plastikklotüten, die in die Schale gelegt und am Rand befestigt werden. Hinein kommt eine **Handvoll** Katzenstreu aus Holzfasern. Die Schale steht meinem Freigänger immer für den Notfall zur Verfügung. Nach Benutzung wird der Inhalt komplett entfernt (deshalb nur eine Handvoll Streu), mitsamt der Tüte, die ich einfach zuknote und in den Hausmüll gebe. Viele Katzenhalter füllen die Katzentoilette bis etwa zur Hälfte mit Streu auf und schaufeln nur die Häufchen bzw Klümpchen heraus, während der Komplettaustausch der Streu 1-2 mal wöchentlich stattfindet – wie man das macht, ist demnach Geschmackssache. Ist die Schale allerdings nicht sauber genug, weigert sich die Katze, sie zu benutzen und setzt ihre Ausscheidungen wenn man Glück hat direkt daneben ab, vielleicht aber auch irgendwo anders im Haus. Katzentoiletten gibt es in verschiedenen Ausführungen, mit und ohne Haube, als Ecktoilette, sogar mit „automatischer Entsorgung der benutzen Streu" werden schon Katzentoiletten angeboten. Welche Katzentoilette man benutzt, hängt wohl in erster Linie von der Katze ab. Die falsche Streu, eine nicht richtig gereinigte Katzentoilette, der falsche Standort oder einfach das falsche Klo können zu Unsauberkeit der Katze führen, ebenso, falls die Katze am „Stillen Örtchen" nicht ihre Ruhe hat, beispielsweise, wenn sie von anderen Haustieren oder kleineren Kindern gestört wird oder die Toilette an einem zu belebten Platz steht. Unsere Katzentoilette steht im ruhigen oberen Flur, bei Ankunft einer neuen Katze vorerst in der Küche (da dies anfangs der alleinige Aufenthaltsplatz einer neuen Katze bei uns ist – aber nicht direkt neben Schlaf- und Futterplätzen!), und viele Katzenhalter stellen das Katzenklo im Badezimmer auf. **Katzenstreu** gibt es in unterschiedlichen Varianten. Wir bevorzugen solche aus Holzfasern, es gibt solche aus Torf, als feine „Sandform", als klumpende „Pellets", als Krümel. Manche Katzenstreu klumpt, die andere nicht. Einige sind mit Duftstoffen versehen, andere nicht. Stark staubende Streu kann die Atemwege der Katze reizen. Und nicht alle Katzen sind von parfümierter Streu begeistert. Passt die Streu nicht, kann das zu Unsauberkeit der Katze führen. Auch ein falscher Standort des Katzenklos, Störung durch andere Haustiere oder Kinder, Straßenlärm ect kann zu Unsauberkeit der Katze führen - und daran ist keineswegs die Katze schuld! Man sollte der Ursache für die Unsauberkeit auf den Grund gehen und sie abstellen. Kommt die Katze mit einer billigen Streu klar, ist es gut. Wenn nicht, wird man wohl oder übel die teurere Variante kaufen müssen. **Futternäpfe** benötigt die Katze ebenfalls. Ich bevorzuge Keramik oder Porzellan, nachdem ich anfänglich von (sehr unhygienischen!) Plastiknäpfen auf Edelstahlnäpfe umgestiegen war. Edelstahlnäpfe sind leicht zu reinigen und sehr hygienisch. Als ich meine Katze auf Rohfütterung umstellte (inzwischen bekommt sie eine Kombination aus Rohfleisch und Dosenfutter mit mind. 70 % Fleisch-/ Innereienanteil), mochte sie das rohe Fleisch nicht mehr aus dem Metallnapf fressen. So stellte ich auf Porzellan/ Keramik um. Ein Napf ist für Wasser, daneben steht ein Napf für Rohfleisch/ Dosenfutter, in einem wird hin und wieder Naturjoghurt oder Milch (normale Milch wird von Orientalen meist nicht vertragen! Vorsicht!) mit Eigelb angeboten. Außerdem biete ich weitere Wassernäpfe in Haus, Garten und auf dem Balkon an, da Katzen von ihrem Futterplatz zur Wasserstelle hinwandern (wahrscheinlich instinktiv, um Verschmutzungen des Trinkwassers durch das Futter zu vermeiden). Einige Halter bieten ihren Katzen auch **Trinkbrunnen** an. Obwohl dies von manchen Menschen belächelt wird, haben Trinkbrunnen ihre Berechtigung. Katzen sind oft schlechte Trinker („säuft" eine Katze, ist bereits Not am Tier!), und durch das plätschernde Wasser wird die Katze zum Spielen und auch Trinken animiert. Die Näpfe und auch die **Napfunterlage** aus Silikon meiner Katze werden täglich gespült, bei Bedarf auch in die Spülmaschine gegeben. Der Futterplatz und auch die Näpfe müssen immer sauber sein. Geöffnete 200g-Futterdosen lagere ich in einem Kunststoffdöschen im Kühlschrank. Angebrochene Rohfleischportionen werden ebenfalls im Kühlschrank gelagert bzw sie werden im Gefrierschrank gelagert und einen Tag vor Verfütterung in den Kühlschrank zum Auftauen gestellt. **Kratzmöbel** müssen der Katze ebenfalls angeboten werden. Klassisch ist der

Kratzbaum, aber es gibt auch Säulen (bevorzugen meine Katze und ich), Wellen o.ä. Solche Kratzmöbel sind mit Sisal umwickelt und gehören in jeden Katzenhaushalt. Die Katze kann daran lose Krallenhüllen von ihren Krallen schieben, sie kann sich daran recken und strecken, und außerdem besitzt sie an den Pfötchen Duftdrüsen, sodass das Kratzen sowohl eine optische als auch olfaktorische (geruchliche) Markierung darstellt. Kratzmöbel gibt es in vielerlei Designs. Meine Katze bevorzugt wie gesagt einfache Kratzsäulen. Es gibt aber auch Teppiche, die man an der Wand befestigen kann, ausladende Bäume mit mehreren Etagen und vieles mehr. Einige Menschen bieten ihrer Katze einfach einen oder mehrere zusammengeschraubte Äste bzw kleinere Baumstämme zum Recken und Kratzen und auch Balancieren an. Diese erfüllen denselben Zweck wie Kratzmöbel aus dem Zoofachhandel. Kratzmöbel müssen standfest bzw sicher verankert sein, damit es keine bösen Unfälle gibt. Die Katze benötigt natürlich einen **Schlafplatz**. Sie sollte hier ihre Ruhe haben und ungestört schlafen können. Viele Katzen bevorzugen das Bett ihrer Menschen (wenn man sie lässt), einige bevorzugen Holzkisten oder Pappkartons. Wieder andere schlafen im oder auf dem Kratzbaum, auf dem Sessel oder Sofa. Natürlich gibt es im Zoofachhandel viele verschiedene Katzenkörbchen. Da ist sicher für jeden Geschmack etwas dabei. Man sollte dabei auf Beständigkeit achten, und das Körbchen sollte maschinenwaschbar sein oder anderweitig gut zu reinigen. Viele Katzen suchen sich ihren eigenen bevorzugten Schlafplatz im Haus, und wenn möglich, sollte ihnen dieser gelassen werden. Ist der Platz ungünstig, kann man versuchen, irgendwo anders schöne Schlafplätze zu schaffen, indem man dort die bevorzugten Decken, Körbchen ect aufstellt. Ein wenig mit **Katzenminze** eingesprüht (die lieben alle Katzen! Erhältlich als Spray im Zoofachhandel oder auch als Pflanze), wird der Platz vielleicht für die Katze interessant. Oder man legt eine bevorzugte Decke, vielleicht ein Stück Pappe (falls die Katze Pappkartons liebt) an diese Stelle. Vielleicht lässt sich die Katze dann überzeugen. **Geschirr und Leine** sind hilfreich, wenn man die Katze daran gewöhnen möchte, nach draußen zu gehen. Im Zoofachhandel sind Katzengeschirre (besser keine Halsbänder! Strangulationsgefahr!) und -leinen erhältlich. Das Geschirr muss gut sitzen, sodass die Katze nicht abgeschnürt wird, aber auch nicht hinausschlüpfen kann. Einige Orientalen werden tatsächlich leinenführig. Die meisten Katzen sind dauerhaft allerdings nicht von Leine und Geschirr begeistert, denn die Leine schränkt die Bewegungsfreiheit deutlich ein, und Katzen gehen normalerweise lieber ihre eigenen Wege, anstatt sich von ihrem Menschen herumführen zu lassen. Geschirr und Leine können hilfreich sein, wenn eine Katze neu in einen Haushalt kommt und später (nach der Kastration, eventuell auch die Grundimmunisierung abwarten) Freigang bekommen soll. Die Leine gibt Sicherheit und stellt eine Verbindung zwischen Mensch und Katze dar. Die Katze lernt ihre Umwelt kennen und läuft nicht weg, bis sie weiß wo sie wohnt. Die Katze sollte etwa 2-4 Wochen mit der Leine rings um Haus und Garten geführt werden, dann sollte sie von alleine nach Hause finden. Ein Freigänger sollte kein Halsband tragen, er könnte hängen bleiben und sich strangulieren. Um die Katze einwandfrei identifizieren zu können, kann der Tierarzt einen **Transponder** (Mikrochip) unter die Haut implantieren. Auf dem Chip ist eine einmalige Nummer gespeichert, unter der die Katze registriert werden muss (z.B. bei TASSO; Rassekatzen aus Vereinen haben zusätzlich eine Zuchtbuchnummer – beide Nummern werden im Zuchtbuch und in der Ahnentafel erfasst; ggfs auch im Impfpass.). Die Nummer ist einmalig und darf bei keinem anderen Tier verwendet werden. Um ausgelesen werden zu können, benötigt man ein spezielles Chiplesegerät. Lesegeräte für Chips haben Tierheime, Tierärzte und Zuchtwarte. Die Katze benötigt auch **Pflegeutensilien**. Dazu gehören Kamm und Bürste, die es im Zoofachhandel für jeden Haartyp gibt, eventuell Entfilzerkämme für Langhaarkatzen, Katzenzahnbürsten und Katzenzahnpasta sowie 3%ige Wasserstoffperoxydlösung und flüssigen Ohrenreiniger. Es gibt **Kippsicherungen für Fenster**, die schon mancher Katze das Leben gerettet haben. Man setzt sie in gekippte Fenster ein, sodass eine Katze, die versucht über das gekippte Fenster zu entkommen, nicht zu tief hinunter rutschen kann, was schwere bis tödliche Verletzungen nach sich ziehen kann. Zumindest kann die Katze einen schweren Schock erleiden. **Balkons und Fenster** kann man mit **Netzen oder Gittern absichern** (erhältlich im Zoofachhandel), sodass die Katze weder ausbüchsen noch abstürzen und sich eventuell tödlich verletzen kann. Wohnt man zur Miete, sollte man sich im Zweifelsfall eine Genehmigung vom Vermieter besorgen. Nützliche Helfer im Katzenhaushalt sind Fusselbürste und Staubsauger, auch wenn sich das Haaren bei gesunden, gepflegten und artgerecht ernährten Katzen deutlich in Grenzen hält. Weiterhin benötigt die Katze **Spielzeug,** je nach den Umständen auch **Parasitenmittel, Fleckentferner** u.ä. Kann die Katze nicht ins Freie, muss ihr unbedingt **Katzen- oder Gartengras** in einem Topf angeboten werden, sodass sie dieses aufnehmen kann. Die Katze würgt damit unverdauliche Bestandteile wieder aus, in erster Linie Haarballen, die dadurch entstehen, dass die Katze sich viel putzt. Katzengras bekommt man im Zoofachhandel (bzw entsprechende Samenmischungen zum Aussäen; normales Gartengras tut es aber auch). Teilweise werden die Haare auch mit dem Kot ausgeschieden. Viele Katzen lieben kleine Duftkissen, gefüllt mit bestimmten Kräutern, frischem Heu oder **Katzenminze.** Die Katzen fallen regelrecht in Extase. Man kann solche Säckchen selbst nähen und befüllen, aber auch im Zoofachhandel kaufen.

Allgemeines zur Katzenhaltung

**Freiläufer:** Wenn man die Möglichkeit hat, sollte man der Katze Freilauf gönnen. Aber auch hier ist einiges zu beachten. Zunächst ist die Wohnsituation zu bedenken. Wohnt man an der Hauptverkehrsstraße oder direkt neben der Autobahn, erübrigt sich die Frage nach dem Freilauf von selbst. Lebt man in einer ruhigen, ländlichen Gegend oder etwa in Waldnähe, jedenfalls ohne großen Straßenverkehr, sollte man der Katze Freilauf gönnen – wenn sie ihn möchte. Die ersten beiden Wochen behält man die Katze am besten im Haus, dann sollte sie 2-4 Wochen mit Geschirr und Leine rund um Haus und Garten herumgeführt werden. Dann weiß sie, wo sie hingehört und findet nach Hause. Natürlich sollte die Katze grundimmunisiert, ggfs entwurmt sein. Und ganz selbstverständlich hat ein Freigänger kastriert zu sein! Natürlich sollte man die Katze auch durch einen Chip oder Tätowierung kennzeichnen lassen (vom Tierarzt), sofern das nicht schon geschehen ist, der Chip setzt sich dabei immer mehr durch, während die Tätowierung beinahe ausgedient hat. Unter der Chipnummer sollte die Katze bei einem Haustierregister (z.B. TASSO) geführt werden, so kann man sie zurückbekommen, falls sie einmal abhanden kommt und irgendwo aufgegriffen wird. Die meisten Katzen freuen sich sehr über Freigang. Freigängerkatzen müssen ausreichend geimpft sein, ggfs. muss man sie entwurmen. Beim Freilauf hat die Katze die Möglichkeit Kontakte zu anderen Katzen zu knüpfen, sie kann Kleintiere fangen, in der Natur herumstreifen oder einfach nur faul in der Sonne liegen. Die allermeisten Katzen sind für Freilauf sehr dankbar. Sie sind viel ausgeglichener und machen weniger Unsinn. Es gibt viele Katzen, die als reine Wohnungskatzen glücklich sind, wenn man bei der Haltung einiges beachtet. Dennoch: wenn man die Möglichkeit hat, stellt Freigang eine wahre Bereicherung für die Katze dar. Wer seine Katze vor Diebstahl, schießwütigen Jägern, Straßenverkehr o.ä. schützen, ihr aber dennoch etwas Natur gönnen will, kann auch im Garten ein gut gesichertes, artgerechtes Freilaufgehege aufstellen. Einige Anbieter stellen nach Kundenwunsch solche Gehege her oder bieten Fertiggehege an. Man kann sie mit dem nötigen Geschick auch selbst bauen. Sie müssen natürlich ausbruchssicher sein und sollten einen Wetterschutz bieten. An eine trockene Schlafmöglichkeit, Futter- und Wassernapf sowie eventuell etwas Spielzeug denken. Man kann auch den kompletten Garten katzensicher einzäunen – das ist allerdings meist aufwendig und teuer. Ein richtiger Ersatz für Freigang sind Katzengehege zwar nicht unbedingt, aber sie eignen sich, wenn die Katze beispielsweise krank ist und nicht unkontrolliert draußen herumlaufen soll. Oder wenn „ungesicherter" Freilauf aus irgendwelchen Gründen nicht gewünscht oder möglich sein sollte, kann man der Katze auf diese Art zwar keinen „richtigen" Freilauf bieten, aber ihr Leben weit angenehmer machen, ähnlich wie bei der Absicherung des Balkons. Natürlich muss man auch hier an Impf- und Parasitenschutz denken. Man sollte versuchen, den Freigänger nachts im Haus zu behalten, denn die meisten Unfälle mit Katzen passieren nachts. Beispielsweise kann man die letzte Fütterung entsprechend legen, dass die Katze Hunger bekommt und nach Hause läuft. Danach sollte man versuchen, sie möglichst erst am nächsten Morgen wieder in den Freilauf zu entlassen

Im Freien kann die Katze Kontakte zu anderen Katzen knüpfen, sich einfach die Sonne auf den Pelz scheinen lassen, Kleintiere fangen, mit anderen Katzen Kontakt liegen und sich einfach am Geschehen draußen beteiligen. Eventuelle Schäden, die die Katze verursachen könnte, sei es, dass sie aus Nachbars Teich einen Koi entwendet oder Kratzer am Autolack hinterlässt, sind normalerweise durch die normale Haftpflichtversicherung des Katzenhalters abgesichert. Eine Halterhaftpflichtversicherung wie bei Hunden gibt es für Katzen derzeit nicht. Man sollte sich entsprechend bei seiner Versicherung danach erkundigen. Natürlich macht sich eine ernstgemeinte Entschuldigung und die Übernahme des Schadens – sei es durch den Katzenhalter selbst oder die Versicherung – immer gut.

Viele Menschen haben Bedenken, gerade eine Rassekatze in den Freilauf zu entlassen. Auch wenn ich voll und ganz für Freilauf stimme: ich kann das verstehen. Einige „Alternativen" zum Freilauf spreche ich später noch an.


**Der Lebensraum einer reinen Wohnungskatze** muss gut strukturiert sein. Auch wenn ich persönlich meine Vorbehalte gegen reine Wohnungshaltung habe, möchte ich an dieser Stelle einige Tips geben, so dass die reine Wohnungshaltung doch funktionieren kann. In einigen Fällen ist es sogar gefährlich, wenn die Katze Freigang bekommt, beispielsweise wenn man direkt neben einer 6-spurigen Autobahn wohnt oder wenn die Katze unter bestimmten Krankheiten leidet. Und ja, eine edle Rassekatze ist von Diebstahl eher gefährdet als eine rasselose Mieze oder ein Kreuzling, der nicht nach Rassekatze aussieht. Wenn die Katze noch nie in ihrem Leben Freigang kennengelernt hat, vermisst sie diesen wahrscheinlich auch nicht und kann sich mit reiner Wohnungshaltung abfinden. Muss die Katze von Freilaufhaltung auf reine Wohnungshaltung umgestellt werden, kann die Sache schon schwieriger werden, was nicht heißt, dass es unmöglich ist. Reine Wohnungskatzen sollten nicht einzeln gehalten werden, wie schon erwähnt, Verhaltensauffälligkeiten wären fast vorprogrammiert. Und auch, wenn Katzen rund 16 Stunden am Tag schlafen, muss man sich um eine artgerechte Haltung bemühen. Katzen streifen gerne durch ihr Revier, mehrmals am Tag. Hat die Katze keinen Freigang, streift sie durch die Wohnung. Dabei sollte man ihr etwas Abwechslung bieten. Katzen lieben unaufgeräumte Strukturen. Stehen hier und da Möbel oder Pappkartons, wo sie sich verstecken können und von wo aus sie alles ungestört beobachten können, sie sind gleich ein wenig ausgeglichener. Auch zwischen großen Pflanzen kann man sich gut verstecken. Welche Pflanzen geeignet sind und welche nicht, erläutere ich später. Katzen mögen keine geschlossenen Türen. Möglichst sollten keine Türen geschlossen sein (außer vielleicht der Wohnungs-/ Haustür). Dennoch können Katzen es lernen, dass gewisse Zimmer (z.B. ein Raum in dem Kleintiere und Vögel leben) tabu und ständig verschlossen sind. Katzen brauchen mehrere Schlaf- und Kuschelplätze in der Wohnung. Man kann ihnen Körbchen, Pappkartons, Kratzbäume, Kuschelhöhlen o.ä. anbieten, aber wenn man sie lässt, legen sie sich auch gerne auf Sofa, Sessel oder Bett. Sie balancieren und klettern gerne. Man kann ihnen z.B. an der Wand befestigte Bretter oder Seile anbieten. Auch auf dem Balkongeländer balancieren sie gerne. Ist dieser nicht im Erdgeschoss oder knapp darüber gelegen, sollte man ihn entsprechend absichern, um böse Stürze zu vermeiden. Katzen beobachten gerne alles von „hoher Warte" aus, sie schauen auch gerne aus dem Fenster (geschlossen lassen oder ggfs mit Netzen o.ä. sichern). Sie möchten gerne wissen, was draußen passiert.

**Fenster und Balkon sichern:** Die Katze kann durch ein offenes Fenster nicht nur entwischen, sondern sich bei einem Absturz schwere bis tödliche Verletzungen zuziehen. Auch gekippte Fenster haben schon Katzen in den Tod geführt. Entweder ist die Katze durch das gekippte Fenster entwischt und tödlich abgestürzt, oder die Katze ist beim Ausbruchsversuch im gekippten Fenster steckengeblieben. Dabei rutscht sie immer weiter nach unten und kann sich nicht mehr befreien. Dabei kann sie nicht nur einen Schock erleiden, sondern sich auch Strangulierungen, Brüche, Nervenverletzungen, Abquetschungen der Blutzufuhr u.ä. zuziehen. Bei solchen „Aktionen" sind schon einige Katzen qualvoll verendet! Man kann geöffnete Fenster mit Netzen oder Gittern sichern, für gekippte Fenster gibt es einen „Kippschutz" zu kaufen, den man in die Öffnung des gekippten Fensters klemmt und die ein zu tiefes Herunterrutschen der Katze verhindert. Man kann auch ein entsprechend großes Drahtgeflecht in den Fensterrahmen einsetzen, der entsprechend verankert das Abstürzen der Katze verhindert. Netze und Gitter, mit denen man Fenster und Balkon katzensicher machen kann, findet man im Fachhandel. Um den Balkon zu einem für die Katze angenehmen Lebensraum zu machen, sollte man einiges bedenken. Ein Wassernapf steht bereit, eventuell Schlafplatz und Kratzbaum. Damit der Lebensraum auf dem Balkon nicht zu eintönig und für die Katze angenehm ist, sollte man einige für die Katze geeignete Pflanzen aufstellen, an denen sie knabbern und zwischen denen sie sich verstecken kann. So kann die Katze sich die Sonne auf den Pelz scheinen lassen und wunderbar alles beobachten, ohne selbst gesehen zu werden. Liegt der Balkon im

Erdgeschoss oder in der ersten Etage, kann man der Katze auch eine Katzenleiter (langes Brett mit Sprossen) anbieten (natürlich nur bei Freiläufern), die man mit dem nötigen Geschick leicht selbst herstellen kann und abgeschrägt vom Boden bis zum Balkon anbringt. Man kann der Katze auch eine kleine Hütte auf dem Balkon oder im Garten anbieten. Hinein kommt ein Kissen oder eine Decke. Die Katze hat hier bei Bedarf etwas Wetterschutz, wenn z.B. gerade niemand zu Hause ist und die Katze hineinlassen kann.

Wenn die Katze kein Freiläufer ist, sollte ihr regelmäßig Weizen-, Katzen- oder Gartengras in einem Blumentopf zur freien Aufnahme angeboten werden. Gras ist wichtig, damit die Katze beim Putzen aufgenommene Haare wieder hervorwürgen kann; teilweise werden die Haare auch mit dem Kot ausgeschieden. **Geeignete Pflanzen für Katzen sind:** Katzen-, Weizen- oder Gartengras, Ackerminze, Baldrian, Echter Thymian, Feldthymian, Goldmelisse, Großblütige Nachtkerze, Katzenminze, Mutterkraut, Wasserminze, Zitronenmelisse, Zypergras. **Für Katzen giftige Pflanzen** sind Adlerfarn, Adonisröschen, Azalee, Becherprimel, Buchsbaum, Buschwindröschen, Christusdorn, Dieffenbachie, Efeu, Eisenhut, Feuerbohne, Fichte, Fingerhut, Gartenwolfsmilch, Ginster, Goldregen, Grünlilie, Hahnenfuß, Herbstzeitlose, Hundspetersilie, Hyazinthe, Kalla, Kartoffelkraut, Korallenbäumchen, Leberblümchen, Lupinie, Maiglöckchen, Misteln, Narzissen, Oleander, Osterluzei, Pfaffenhütchen, Philodendron, Rittersporn, Rizinus, Robinie, Schachtelhalm, (gefleckter) Schierling, Schleierkraut, Schneeglöckchen, Schöllkraut, Schwarzer Nachtschatten, Seidelbast, Stechapfel, Tabak, Tannen, Tollkirsche, Tomate, Trollblume, Weihnachtsstern, Weißer, Germer, Wiesenküchenschelle, Wunderstrauch, Wurmfarn, Zwergholunder (ohne Anspruch auf Vollständigkeit).

**Auf den Namen hören:** den Namen lernt die Katze schnell, wenn man ihn immer in Verbindung mit etwas Positivem nennt, z.B. „Fuchsi, es gibt Futter". Viele Katzen hören eher auf den Namen, wenn am Ende ein „i" angehängt ist. Man sollte den Namen stets mit etwas Positivem in Verbindung bringen und die Katze nicht etwa tadeln, wenn sie herankommt. Nicht alle Katzen hören auf ihren Namen, oder sie kommen auf Ruf nur, wenn es ihnen gerade in den Kram passt. Wenn man ein orientalisches Rassekätzchen mit Papieren vom Züchter bekommt, hat es seinen Namen wahrscheinlich schon erhalten. Aber es sagt ja niemand, dass der richtige Name und der Rufname derselbe sein müssen, oder? Kommt die Katze heran, wenn man sie beim Namen ruft, kann man ihr als Bestätigung ein Leckerchen geben, sie streicheln oder es folgt ein kleines Spiel. Dann verknüpft sie den Namen gleich positiv. Oder man verwendet den Namen häufig, wenn man mit der Katze spielt, schmust oder ihr etwas zu fressen gibt. Liebt es die Katze, gebürstet zu werden, kann man auch hier häufig den Namen nennen. Die Katze wird sich schnell an ihren Namen gewöhnen. Ob sie dem Ruf immer folgt, hängt allerdings von ihren Launen ab.

## Unarten abgewöhnen

Es ist nicht so, dass Katzen generell unerziehbar sind. Man darf aber keinen Gehorsam von ihr erwarten. Eine Katze ist kein Hund, der pariert, wenn sein geliebter Mensch es verlangt. Trotzdem sind Katzen durchaus lernfähig und sie können auch gewisse Regeln befolgen. Man kann der Katze z.B. einen plötzlichen Wasserstrahl verpassen, wenn sie etwa versucht, Fische aus dem Aquarium zu angeln oder sich auf den Esstisch platzieren möchte, auf dem sie aber in aller Regel nichts zu suchen hat. Die Katze sollte ihren Menschen dabei nicht hören oder sehen, denn sonst kann der Wasserstrahl schnell falsch verknüpft werden: nicht mit dem Sitzen auf dem Esstisch oder dem Nachstellen der Fischchen, sondern mit der Anwesenheit des Menschen. Wenn die Katze bei Tisch nicht betteln soll, darf sie nichts vom Tisch bekommen, und man sollte sie am besten gar nicht beachten, weder ansehen, noch ansprechen oder ihr gar etwas vom Tisch geben. Ein scharfer Luftzug aus einem Blasebalg hat schon mancher Katze etwas Verbotenes verleidet, Katzen mögen es auch meist nicht besonders, wenn man sie anpustet. Eine wütende Katze stößt oft Luft aus der Nase aus. Wenn man nicht möchte, dass sich die Katze auf bestimmte Plätze legt, z.B. auf den Esstisch, kann man dort Plastikplanen hinlegen, da liegen die meisten Katzen nämlich nicht so gerne drauf. Man kann auch kleine Streifen von beidseitigem Klebeband an Stellen anbringen, von der man die Katze fernhalten möchte. Die Katze tut sich dabei nichts, aber das Klebeband ziept am Fell, und darauf können die meisten Katzen verzichten. Im Übrigen schreit man eine Katze nicht an und misshandelt sie auch nicht körperlich! Kratzen an ungeeigneter Stelle kann man z.B. damit in den Griff bekommen, dass die Katze natürlich einerseits genügend Kratzmöbel bekommt, und andererseits kann man versuchen, an den Stellen, an denen die Katze verbotenerweise kratzt, z.B. eine Plastikplane oder -folie anzubringen. Die Katze kann daran nicht richtig kratzen, und Plastik ist für Katzen oftmals sowieso nicht angenehm. Bei Bedarf kann man es wieder entfernen.

**Gefahrenquellen im Haushalt**

-   Kippfenster können zur tödlichen Falle werden, Katzen können beim Versuch auszubüxen darin stecken bleiben und sich schwerste Verletzungen zuziehen. Man sollte Kippfenster entsprechend absichern oder das Fenster nicht kippen.
-   Einige Pflanzen sind giftig (s.d. oder im Internet).
-   Waschmaschine, Trockner, Spülmaschine, Herd, Müllschlucker und Plastiktüten niemals offen liegen bzw

stehen lassen. Sie können zur tödlichen Falle werden. Bei Papierbeuteln die Henkel ab- oder durchschneiden, die Katze könnte darin hängen bleiben.

- Alles was heiß ist (Kerzen, Herd, Bügeleisen, offenes Feuer usw) niemals unbeaufsichtigt mit der Katze lassen.
- Giftig bzw gefährlich sind Süßigkeiten, Schokolade (auch wenn Katzen nichts Süßes schmecken können besteht die Gefahr, dass sie davon naschen!), Zündhölzer, Reinigungsmittel, Medikamente, Dünger, Insektengift, Alkohol, Kosmetik, kleine, verschluckbare, spitze oder scharfe Gegenstände, Kakteen, giftige Pflanzen, Scheren, Nadeln, Messer, Werkzeuge nicht unbeaufsichtigt bei der Katze liegen lassen. Alles außer Reichweite räumen.
- Offene, glatte Treppen, Balkone, Fenster ect katzensicher machen (Netze o.ä. anbringen).
- In Schwingtüren können Katzen hängenbleiben und sich schwer verletzen. Ggfs. durch normale Türen ersetzen.
- Bei sehr lebhaften Katzen eventuell Steckdosen mit Kindersicherungen bestücken.
- Dekogegenstände, Vasen, Lampen usw, die beim Herumtoben oder bei den Streifzügen der Katze durch die Wohnung Schaden nehmen könnten, sollte man wegräumen.
-

## Urlaub

Eine Möglichkeit besteht darin, die Katze im Urlaub zu Hause zu lassen. Entweder macht die Familie getrennt Urlaub, sodass immer jemand für die Katze da ist, oder man bittet gute Freunde oder Bekannte, täglich ein- bis zweimal nach der Katze zu sehen. Diese Person füttert die Katze, schmust und spielt mit ihr, bürstet sie vielleicht, lässt die Katze (sofern Freigänger) hinein und hinaus, säubert ggfs das Katzenklo. Eventuelle Medikamente mit Eingabeanleitung, ausreichend Futter, Telefonnummer des Tierarztes, ggfs. etwas Geld legt man parat, außerdem eventuell eine Liste mit Eigenheiten der Katze. Das Futter muss in ausreichender Menge bereit stehen. Entweder fertige BARF-Portionen im Gefrierschrank, und/ oder Dosenfutter in ausreichender Menge, eventuell Leckerchen (z.B. Trockenfleisch). Man sollte einen lieben Menschen, den die Katze kennt, darum bitten, sich um die Katze zu kümmern. Über die Katzenportale im Internet, Aushänge beim Tierarzt ect kann man eventuell Katzensitter finden. Eine andere Möglichkeit wäre die Tierpension. Diese sollte man sich natürlich im Vorfeld genau ansehen, auch andere Katzenhalter können vielleicht eine gute Pension empfehlen. Es sollte alles sauber sein, man sollte sein eigenes Futter und Katzenstreu sowie Katzenkorb/ Decke mitbringen dürfen. Auch hier sind eventuelle Medikamente mit Eingabeanleitung sowie die Telefonnummer des behandelnden Tierarztes mitzugeben. Natürlich muss die Katze ausreichend geimpft sein, der Impfpass ist der Pension vorzulegen. Man kann die Katze auch vorübergehend bei Freunden zur Pflege geben. Die Katze in den Urlaub mitzunehmen, wird von einigen Katzenhaltern praktiziert. Die meisten Katzen fahren weder gerne im Auto mit noch freuen sie sich über die Mitnahme in den Urlaub. Allerdings bilden hier Orientalen nicht selten eine Ausnahme. Wenn man beispielsweise immer wieder in das selbe Ferienhaus fährt, kann das funktionieren. Auf Campingplätze oder ins Hotel würde ich meine Katze nicht mitnehmen. Die Katze wäre dann dauerhaft eingesperrt. Im Auto sollte die Katze entweder immer ruhig auf ihrem Platz liegen, oder sie bleibt in der Transportbox, in die eine Decke, ein Katzenklo und ein Wassernapf passen müssen. Bei Pausen muss man Acht geben, dass die Katze nicht ausbüchst. Bei einem Grenzübertritt benötigt man den Impfpass mit gültiger Tollwutimpfung, die normalerweise nicht jünger als 4 Wochen und nicht älter als 12 Monate sein darf. Vielleicht wird ein Gesundheitszeugnis verlangt. Eventuell muss die Katze auch gechipt sein. Informationen über Auslandsreisen bekommt man beim Tierarzt, Veterinäramt oder ADAC. Eventuell ist eine Quarantänezeit einzuhalten. Das Stressfreiste ist immer noch, die Katze von einem Katzensitter zu Hause betreuen zu lassen. Sie bleibt dann in ihrer gewohnten Umgebung und hat nicht den Stress eines vorübergehenden Umzugs. Orientalische Katzen können sich mit dem Reisen jedoch – im Gegensatz zu den meisten anderen Katzen – oft recht gut arrangieren.

## „Erziehung"

### Stubenreinheit

Stubenreinheit lernen die Kitten meist schon von der Mutter. Sie sehen, wie die Kätzin ihre Ausscheidungen ins Kistchen erledigt und verbuddelt oder dies etwa im Garten tut. Die Kleinen tun es ihr gleich. Katzen sind reinlich und verschmutzen nicht gerne ihre Umgebung. Sollte ein Kitten versuchen, sich am falschen Platz zu lösen, nimmt man es ruhig und bestimmt und setzt es nach draußen oder in sein Kistchen, wo es „darf". Danach kräftig loben! Die Katzen lernen das schnell. Natürlich müssen die Löseplätze immer sauber sein. Sollte es einmal daneben gehen: klaglos sauber machen und die Katze NICHT tadeln! Sind die Klos nicht sauber genug, kann es passieren, dass die Katze ihre Ausscheidungen (mit viel Glück!) direkt daneben verteilt, wenn man Pech hat aber irgendwo anders im Haus. Und daran ist nicht die Katze schuld! Auch bei Schmerzen, Krankheit oder Schreck kann die Katze sich „versehentlich" an einem falschen Platz lösen. Auch hier gilt: die Katze nicht tadeln, klaglos saubermachen, Störfaktoren abstellen und die Katze ggfs dem Tierarzt vorstellen. Die Schale muss immer sauber sein. Schaufelt man nur Klümpchen und Häufchen heraus, kann es sein, dass die Schale riecht und für die Katze nicht sauber genug ist. Das kann zu Unsauberkeit der Katze führen. Auch Schmerzen und Krankheiten können zu Unsauberkeit führen, etwa wenn die Katze das Klo mit Schmerzen verbindet und sich deshalb lieber woanders löst, oder weil das Klo, der Standort oder die Streu nicht passen. Die Katze braucht Ruhe auf dem „Örtchen", vielleicht muss man Modell, Streu und/ oder Standort wechseln. Hilft das alles nicht:

ab zum Tierarzt oder Tierheilpraktiker, es könnte auch ein gesundheitliches Problem dahinterstecken!


## Spielen

Katzen müssen als intelligente Beutegreifer beschäftigt werden. Der Freigänger erledigt das zum Teil selbst, indem er draußen herumstrolcht, mit anderen Katzen Kontakt liegt, unerwünschte Katzen aus dem Revier scheucht, Kleintiere jagt und sich auch einfach mal nur die Sonne auf den Pelz scheinen lässt. Auch Freigängerkatzen sind für gemeinsame Spiele mit ihrem Menschen dankbar. Reinen Wohnungskatzen muss hier aber noch weit mehr geboten werden, damit sie ein glückliches und erfülltes Leben führen können. Einige Beispiele möchte ich in diesem Kapitel beschreiben. Schon ein Platz auf der Fensterbank ist schön für die Katze, denn sie kann beobachten, was draußen vor sich geht. Das mögen viele Katzen sehr. Wenn man das Fenster absichert (durch ein Netz oder Gitter) kann man es auch öffnen, selbst wenn die Katze kein Freigänger ist und durch das Fenster in die Freiheit entwischen könnte (Erdgeschoss), oder wenn es sich um ein höher gelegenes Fenster (ab 1. Etage) handelt, sodass die Katze sich bei einem Sturz oder Sprung nach draußen schwer verletzen könnte. Handelt es sich um ein genügend breites Fensterbrett, kann man hier ein Liegekissen, eine Decke hinlegen, eventuell kann man auch einige katzentaugliche Pflanzen aufstellen (von innen). Kluge Katzen spielen viel. Durch Spielen werden im Gehirn verschiedene Strukturen (wieder) aktiviert oder neu gebildet. Auch im Alter funktioniert das noch, und auch alte Katzen möchten und müssen spielen. Bei reinen Wohnungskatzen ersetzt das Spielen auch Jagdverhalten draußen. Zunächst muss man herausfinden, für welche Spiele die Katze zugänglich ist. Nicht jede Katze liebt jedes Spiel. Das Spiel mit dem Menschen ist für die Katze sehr wichtig. Gerade mit reinen Wohnungskatzen sollte man viel spielen, aber auch Freigänger sind für Spiele empfänglich. Es gibt sogar Bücher, die sich nur mit dem Thema „Spiele für Katzen" beschäftigen. Einige Ideen möchte ich hier kurz ansprechen. Zeitlich legt man Spiele mit der Katze am besten vor die Abendfütterung, da Katzen bevorzugt in den Abendstunden jagen. Direkt nach der Mahlzeit sollte man dem Stubentiger aber seine Ruhe gönnen. Beim Spielen sollte man sich zur Katze auf den Boden begeben, denn Katzen spielen gerne mit ihrem Menschen auf Augenhöhe. Man kann ein Spielzeug, gerne auch an einer Schnur, oder eine Federangel, vor der Katze hin und her bewegen, in Schlangenlinien, gerade, im Zick-Zack, vor und zurück, langsam oder schnell, je nach Charakter der Katze. Die Katze braucht Zeit zum Lauern und Anschleichen. Dann schnellt sie vor, packt die Beute, traktiert sie mit Zähnen und Krallen. Jagdspiele lieben nahezu alle Katzen. Nach der Jagd darf die Katze die Beute fangen und mit Zähnen und Krallen traktieren. Man sollte seine Hände möglichst aus dem Spiel lassen, denn die Katze unterscheidet im Eifer nicht zwischen Mensch und Spielzeug und wird ihre Zähne und Krallen ordentlich einsetzen – das kann zu Blessuren führen! Nach der „Jagd" darf die Katze die Beute auf alle Fälle haben und sich daran abreagieren. Andernfalls wäre sie frustriert. Dies ist ein Grund, warum Laserpointer nur äußerst bedingt zum Katzenspiel taugen. Die Katze hat den Punkt zwischen ihren Pfoten, und schon ist er wieder weg. Die Katze kann ihn nicht kratzen und beißen. Außerdem darf man der Katze nicht in die Augen leuchten. Setzt man also Laserpointer ein, muss die Katze am Ende des Spiels sofort ein Leckerli oder reales Spielzeug bekommen. Andernfalls wäre sie sehr frustriert. Meiner Meinung nach sollte man auf Laserpointer eher verzichten. LED-Lichter sind ungefährlich (auch als Pointer erhältlich). Spielzeuge, die kleiner sind als die Katze, passen in ihr Beuteschema. Sie sollten leicht sein, so dass die Katze sie mit Pfotenhieben herumkicken kann, z.B. Weinflaschenkorken. Im Zoofachhandel sind verschiedene Katzenspielzeuge erhältlich. Von Bällchen mit integrierten Glöckchen, kleinen Säckchen oder Plüschtieren mit Katzenminze, Bällchen aus Plüsch oder Vollgummi, über Federnangeln bis hin zu Kratzspielzeug und Fummelbrettern bekommt man einiges im

Zoofachhandel, das äußerst brauchbar ist. Kleine, verschluckbare Teile, scharfe oder spitze Kanten, lose Fäden u.ä. können gefährlich für die Katze werden. Gefährlich ist weiterhin Lametta. Augen und Nasen bei Spieltieren sollte man entfernen, Katzenangeln und -wedel sollten keine Kunststoffbänder haben. Spielzeuge mit langen Schnüren, an denen die Katze sich strangulieren könnte, lässt man nicht herum liegen, sondern holt sie nur heraus, wenn man zusammen mit der Katze damit spielen möchte. Plastiktüten lässt man nicht liegen, wenn die Katze hineingerät, könnte sie ersticken. Bei Papiertüten schneidet man die Henkel durch oder ab, damit die Katze nicht darin hängen bleiben kann. Man kann auch Leckerchen oder Spielzeug in einem Körbchen mit Laub oder frischem Heu verstecken. Die Katze muss sie herausangeln (hinterher das Staubsaugen nicht vergessen!). Katzen sind neugierig, wann immer sie etwas knistern, rascheln oder plätschern hören. Katzen lieben kleine Kissen oder Plüschtiere, die mit bestimmten Düften präpariert sind, etwa mit Katzenminze oder Baldrian. Viele Katzen verfallen dann in einen regelrechten Rausch. Man kann auch alte Socken mit Katzengras, Katzenminze, Thymian, Baldrian o.ä. füllen und zuknoten. Auf diese Weise hat man auch ein kleines Duftkissen geschaffen. Man kann auch kleine Sisalstücke (z.B. Bälle) in Dosen legen, die mit verschiedenen, katzentauglichen Kräutern gefüllt sind (Baldrian, Katzenminze o.ä.). Katzen lieben diese Düfte und kuscheln sich an derart duftbehaftete Kissen, Sisalstücke, Bälle und Plüschtiere. Auch verschiedene Bachblüten können einen ähnlichen Effekt erzielen. Katzen haben eine gute Nase, auch wenn diese nicht so ausgeprägt ist wie die eines Hundes. Mit ihrer Nase testen Katzen z.B. beim Treffen mit einer fremden Katze, ob man sich sympathisch ist oder nicht oder ob das Gegenüber eine Kätzin oder ein Kater ist. Am ganzen Körper besitzen Katzen empfindliche Nervenzellen; mit der Nase können sie sogar Temperaturen von Gegenständen prüfen, ohne diese direkt zu berühren. Sofern bei den vorgeschlagenen Spielen Leckerchen eine Rolle spielen (z.B. Trockenfleisch), kann man ggfs die Hauptmahlzeit ein wenig kürzen, um die Katze nicht zu überfüttern. (Siehe auch „Verhalten und Beschäftigung, Anatomie und Sinne").


## Verbote und Gebote

Es ist nicht so, dass Katzen generell unerziehbar sind. Man darf aber keinen Gehorsam von ihr erwarten. Eine Katze ist kein Hund, der pariert, wenn sein geliebter Mensch es verlangt. Trotzdem sind Katzen durchaus lernfähig und sie können auch gewisse Regeln befolgen. Man kann der Katze z.B. einen plötzlichen Wasserstrahl verpassen, wenn sie etwa versucht, Fische aus dem Aquarium zu angeln oder sich auf den Esstisch platzieren möchte, auf dem sie aber in aller Regel nichts zu suchen hat. Die Katze sollte ihren Menschen dabei nicht hören oder sehen, denn sonst kann der Wasserstrahl schnell falsch verknüpft werden: nicht mit dem Sitzen auf dem Esstisch oder dem Nach-stellen der Fischchen, sondern mit der Anwesenheit des Menschen. Wenn die Katze bei Tisch nicht betteln soll, darf sie nichts vom Tisch bekommen, und man sollte sie am besten gar nicht beachten, weder ansehen, noch ansprechen oder ihr gar etwas vom Tisch geben. Ein scharfer Luftzug aus einem Blasebalg hat schon mancher Katze etwas Verbotenes verleidet, Katzen mögen es auch meist nicht besonders, wenn man sie anpustet. Eine wütende Katze stößt oft Luft aus der Nase aus. Wenn man nicht möchte, dass sich die Katze auf bestimmte Plätze legt, z.B. auf den Esstisch, kann man dort Plastikplanen hinlegen, da liegen die meisten Katzen nämlich nicht so gerne drauf. Man kann auch kleine Streifen von beidseitigem Klebeband an Stellen anbringen, von der man die Katze fernhalten möchte. Die Katze tut sich dabei nichts, aber das Klebeband ziept am Fell, und darauf können die meisten Katzen verzichten. Im Übrigen schreit man eine Katze nicht an und misshandelt sie auch nicht körperlich! Kratzen an ungeeigneter Stelle kann man z.B. damit in den Griff bekommen, dass die Katze natürlich einerseits genügend Kratzmöbel bekommt, und andererseits kann man versuchen, an den Stellen, an denen die Katze verbotenerweise kratzt, z.B. eine Plastikplane oder -folie anzubringen. Die Katze kann daran nicht richtig kratzen, und Plastik ist für Katzen oftmals sowieso nicht angenehm. Bei Bedarf kann man es wieder entfernen.

Gefahrenquellen im Haushalt

- Kippfenster können zur tödlichen Falle werden, Katzen können beim Versuch auszubüchsen darin stecken blei-ben und sich schwerste Verletzungen zuziehen. Man sollte Kippfenster entsprechend absichern oder das Fenster nicht kippen.

- Einige Pflanzen sind giftig (s.d. oder im Internet).

- Waschmaschine, Trockner, Spülmaschine, Herd, Müll-schlucker und Plastiktüten niemals offen liegen bzw ste-hen lassen. Sie können zur tödlichen Falle werden. Bei Papierbeuteln die Henkel ab- oder durchschneiden, die Katze könnte darin hängen bleiben.

- Alles was heiß ist (Kerzen, Herd, Bügeleisen, offenes Feuer usw) niemals unbeaufsichtigt mit der Katze lassen.

- Giftig bzw gefährlich sind Süßigkeiten, Schokolade (auch wenn Katzen nichts Süßes schmecken können besteht die Gefahr, dass sie davon naschen!), Zündhölzer, Reinigungsmittel, Medikamente, Dünger, Insektengift, Alkohol, Kosmetik, kleine, verschluckbare, spitze oder scharfe Gegenstände, Kakteen, giftige Pflanzen, Scheren, Nadeln, Messer, Werkzeuge nicht unbeaufsichtigt bei der Katze liegen lassen. Alles außer Reichweite räumen.

- Offene, glatte Treppen, Balkone, Fenster ect katzensicher machen (Netze o.ä. anbringen).

- In Schwingtüren können Katzen hängenbleiben und sich schwer verletzen. Ggfs. durch normale Türen ersetzen.

-  Bei sehr lebhaften Katzen eventuell Steckdosen mit Kindersicherungen bestücken.

-  Dekogegenstände, Vasen, Lampen usw, die beim Herumtoben oder bei den Streifzügen der Katze durch die Wohnung Schaden nehmen könnten, sollte man wegräumen.


<u>Orientalen und andere Haustiere</u>

Manche Katzen freunden sich mit sämtlichen Heimtieren an. Sie kuscheln mit Hunden, fressen mit ihnen aus einem Napf und lassen sogar Ratte, Maus & Vogel in Ruhe. Die Kleintiere könnten dagegen in Stress geraten, wenn sie die Katze sehen, hören oder riechen. Und viele Katzen unternehmen alles, um den Kleintieren nachzustellen, was für diese natürlich einen fürchterlichen psychischen Stress bedeutet. Man sollte sämtliche Kleintiere in gesicherten Räumen, Käfigen/ Volieren bzw Aquarien unterbringen, wo sie von der Katze nicht behelligt werden können. Alleine die Anwesenheit der

*Siam Foreign White*

77

Katze kann für das Kleintier Stress bedeuten. Während des Freilaufs/ Freiflugs von Ratte, Kaninchen, Vogel & Co. hat keine Katze etwas in dem Zimmer zu suchen, in dem die Kleintiere leben. Jahrelang kann es gutgehen, und auf einmal erinnert sich die Katze ihrer Veranlagung und jagt das Kleintier, was mit einem Schock oder gar seinem Tod enden kann. Bunte Fischchen im Aquarium sind für Katzen tolle „Fernseher". Aber auch hier muss das Aquarium sicher abgedeckt sein. Bei bestimmten Arten wie z.B. Muränen (aalartige Raubfische) sind es eher die Katzen, die beschützt werden müssen, denn auch wenn Muränen nicht aggressiv sind, können sie einer Katze durch einen Biss erheblichen Schaden zufügen. Muränen schauen gerne aus dem Wasser heraus, und es kommt auch vor, dass sie aus nicht ausreichend gesicherten Aquarien ausbüchsen. Das kann zu bösen Unfällen führen. Deshalb solche Aquarien sicher abdecken. Kleinere Fische wie Goldfische, Guppys usw könnten von der Katze erbeutet werden. Deshalb sind auch solche Aquarien ausreichend zu sichern. Katzen lieben es aber, den Fischchen beim Hin- und Herschwimmen zuzusehen. Sie können sich stundenlang damit beschäftigen, dürfen die Fische aber nicht behelligen. Wer Angst vor bösen Unfällen hat, lässt die Zimmer, die Fische, Vögel, Kaninchen und anderes Kleingetier beherbergen, für die Katze stets verschlossen (Türen gut schließen und ggfs abschließen). Es soll schon Freundschaften zwischen Ratte, Maus, Vogel und Katze gegeben haben. Im Ernstfall solle man sich darauf aber nicht verlassen und für sichere Verwahrung sorgen. An Hunde können Katzen sehr gut gewöhnt werden. Am besten funktioniert es bei sehr jungen Tieren, aber auch ältere Tiere lassen sich aneinander gewöhnen, wenn man die nötige Zeit und Geduld dafür aufbringt. Die meisten Hunde akzeptieren eine neue Katze schnell und umgekehrt. Durch die verschiedene Körpersprache, die teilweise bei beiden Tieren etwas Gegensätzliches bedeutet, kann es zu Verständigungsschwierigkeiten kommen, aber meist lernen beide Tiere schnell miteinander auszukommen, wenn beide ihren Freiraum haben. Jeder hat eigene Näpfe, Schlafplätze usw, die von allen Menschen und Tieren der

Familie akzeptiert werden müssen. In aller Regel freunden sich die Tiere an, wenn sie im selben Haushalt leben, oder sie dulden sich zumindest gegenseitig. Es kann aber durchaus sein, dass sich Hund & Katz im selben Haushalt außerordentlich gut verstehen (oder zumindest mit einander auskommen), aber fremde Hunde bzw Katzen werden mit Schimpf und Schand vom Hof gejagt. Wachsen beide Tiere zusammen auf, verstehen sie sich meist sehr gut. Aber auch mit älteren Tieren kann es gut funktionieren. Ebenso funktioniert ein Jungtier zusammen mit einem erwachsenen Tier meist sehr gut. Kleine Vögel müssen vor der Katze geschützt werden, größere Sittiche und Papageien könnten wiederum der Katze durch ihre kräftigen Schnäbel und Krallen gefährlich werden. Also am besten für räumliche Trennung sorgen bzw die Vögel sicher in ihren Volieren unterbringen.

Orientalen lieben Hunde und verstehen sich meist sehr gut mit ihnen. Dennoch müssen beide Tierarten gründlich und vorsichtig miteinander vertraut gemacht werden. Mit Kleintieren sollte man sie – auch wenn sie sich noch so gut verstehen sollten – nicht alleine lassen, sondern für eine sichere Verwahrung sorgen. Katzen sind immer noch Beutegreifer. Und Ratte, Maus, Vogel & Co. Sind immer noch potenzielle Beutetiere.

Den **Namen** lernt die Katze schnell, wenn man ihn immer in Verbindung mit etwas Positivem nennt, z.B. „Fuchsi, es gibt Futter". Viele Katzen hören eher auf den Namen, wenn am Ende ein „i" angehängt ist. Man sollte den Namen stets mit etwas Positivem in Verbindung bringen und die Katze nicht etwa tadeln, wenn sie herankommt. Nicht alle Katzen hören auf ihren Namen, oder sie kommen auf Ruf nur, wenn es ihnen gerade in den Kram passt. Wenn man ein Rassekätzchen mit Papieren vom Züchter bekommt, hat es seinen Namen wahrscheinlich schon erhalten. Aber es sagt ja niemand, dass der richtige Name und der

Rufname derselbe sein müssen, oder? Kommt die Katze heran, wenn man sie beim Namen ruft, kann man ihr als Bestätigung ein Leckerchen geben, sie streicheln oder es folgt ein kleines Spiel. Dann verknüpft sie den Namen gleich positiv. Oder man verwendet den Namen häufig, wenn man mit der Katze spielt, schmust oder ihr etwas zu fressen gibt. Liebt es die Katze, gebürstet zu werden, kann man auch hier häufig den Namen nennen. Die Katze wird sich schnell an ihren Namen gewöhnen. Ob sie dem Ruf immer folgt, hängt allerdings von ihren Launen ab.

*Siamkitten*

# Fütterung

## Katzen sind Beutegreifer

Katzen verzehren in der Natur ihre Beute im Ganzen, mit Rumpf und Stiel. Mäuse sind die bevorzugte Nahrung der Katzen in der Natur. Sie enthalten alles, was die Katze braucht: hochwertiges tierisches Eiweiß, Taurin (eine natürliche Aminosäure, die in rohem Fleisch, besonders Herz und Gehirn vorkommt, auch in Grünlippmuschel. Durch Erhitzen wird Taurin zerstört. Ein Taurinmangel führt bei der Katze zu Herz- und Augenschäden, Nierenleiden, Unfruchtbarkeit, vorzeitigem Abort von Kitten usw), Calcium, Phosphor, winzige pflanzliche Nahrungsbestandteile aus dem Magen-Darm-Trakt usw. Neben Mäusen verspeisen Katzen in der Natur auch Ratten, Kaninchen, Blindschleichen/ Eidechsen, Fische, Spinnen, Vögel usw. Afrikanische Falbkatzen fressen sogar große Spinnen und Skorpione. Katzen werden durch die Mutter und durch die Nahrung in den ersten Wochen geprägt, weshalb sich schnell Vorlieben entwickeln. Mit Geduld kann man auch eine ältere Katze noch an anderes Futter gewöhnen. Bei einigen Katzen geht das sofort, andere brauchen eine Weile, bevor sie sich an die ungewohnte Nahrung wagen. Auch hier wirkt eine zweite Katze im Haus manchmal Wunder. Selbstgemachte Nahrung mit rohem Fleisch kommt der natürlichen Ernährung am nächsten und sollte bevorzugt werden. Allerdings ist hier einiges zu beachten, damit die Katze keine Mangelerscheinungen erleidet. Katzen sind fast reine Fleischfresser oder Beutetierfresser. Die kleinen Beutegreifer brauchen also eine Nahrung, die im Wesentlichen aus Fleisch und Innereien besteht. Pflanzliche Nahrung macht nur einen kleinen Teil ihrer natürlichen Ernährung aus. Viele Katzen leiden heute unter Nierenleiden und anderen Erkrankungen. Eine häufige Ursache ist falsches Futter. Ein Mangel an hochwertigem, tierischen Eiweiß, Taurinmangel und ein Überangebot von Getreide und anderen wertlosen Pflanzenstoffen machen die Katze auf Dauer krank. Diabetes, Krebs, Zahn-, Herz- und Nierenleiden sind nur einige mögliche Folgen falschen Futters, die sich oft erst in fortgeschrittenem Alter zeigen, weshalb die Erkrankung dann nicht selten auf das Alter geschoben wird. Zucker und Getreide führt auch zu Übergewicht (im Gegensatz zu Fett und Fleisch). Frisches Wasser muss immer bereit stehen (einige Katzen bevorzugen auch abgestandenes Wasser), man sollte in der Wohnung mehrere Näpfe mit Wasser aufstellen. Meine Katze hat zwei Wassernäpfe im Haus sowie einen auf dem Balkon und einen unter dem Balkon.

## Fertigfutter

Fertigfutter ist meistens nicht auf die Bedürfnisse der Katze abgestimmt, sondern auf den Geldbeutel des Erzeugers. Es enthält normalerweise nicht ansatzweise das, was Katzen brauchen. Fertigfutter besteht normalerweise aus einer Mischung von Getreide- und Schlachtabfällen / Tierischen Nebenerzeugnissen (Hufe, Krallen, Schnäbel, Lefzen, Haare, Schuppen, Federn, tote Tiere aus Tierkörperverwertungsanstalten usw). Sie machen Katzen krank. Um für das menschliche Auge weniger unappetitlich zu erscheinen (was kaum gelingt), wird Zucker zugesetzt, der dick macht, die Zähne schädigt und noch zu einigen anderen Leiden führt. Solche Futter sind stark an Krebs- und Nierenleiden sowie weiteren Leiden mitbeteiligt und verkürzen die Lebenserwartung der Katze erheblich. Getreidefutter (egal ob nass oder trocken) macht zudem die Zähne der Katze kaputt. Es führt zu Zahnstein, Zahnausfall, Zahnfleischentzündungen usw und diese sind wiederum indirekt an Folgeerkrankungen wie Leber-, Nieren-, Herzschäden usw mitbeteiligt. Wer seine Katze liebt, gibt keinen Discounter-Billigmüll. Aber auch im Zoofachhandel steht man einer großen Auswahl an minderwertigem Futter gegenüber. **Ein gutes Futter wird normalerweise als Nassfutter** angeboten (es gibt Trockenfutter mit rund 80 % Fleisch – dieses ist aber schon aufgrund der trockenen Konsistenz höchstens als Leckerli zu gebrauchen). Es enthält mindestens 70 % aufgeschlüsseltes

Fleisch und Innereien. Besteht es aus mehr als 50 % Innereien, eignet es sich eher als Zufütterung zu reinen Fleischmahlzeiten (meine Katze bekommt Muskelfleisch (i.d.R. Kaninchen, Huhn, Pute, Rind, Ente), davon ca. 30 % Geflügelherz, plus etwas Brühe von ausgekochten Rindermarkknochen. Das rohe Fleisch ergänze ich zur Hälfte mit Animonda Carny™, das aus 70 % Fleisch und Innereien sowie Calciumcarbonat und Brühe besteht, überwiegend jedoch aus Innereien. Meine Katze frisst und verträgt diese Fütterungsform sehr gut. Als Leckerli gibt es Trockenfleisch, kleine Mengen fleischlastiges Trockenfutter, Käse, Milch oder Naturjoghurt mit rohem Eigelb (Vorsicht: orientalische Katzen haben mit Milch und Milchprodukten oft ihre Probleme! Laktoseintoleranz! Dann entweder auf laktosereduzierte Produkte zurückgreifen oder ganz auf Milchprodukte verzichten. Laktoseintoleranz führt oft zu Erbrechen, Durchfall, Hautproblemen usw.). Eine hohe Grammzahl empfohlenen Fertigfutters weist meist ebenfalls auf schlechtes Futter hin. Ein gutes Nassfutter kann etwa folgendermaßen aussehen: Rind (30%; Lunge, Herz, Magen, Euter, Fleisch, Nieren), Huhn (29 %; Leber, Mägen, Hälse, Fleisch), Wildfleisch (6 %), Calciumcarbonat, Taurin. Ein solches Dosenfutter wird als Alleinfutter ausgewiesen, ist wirklich gut zusammengesetzt und auf die Bedürfnisse der Katze abgestimmt. Meiner Meinung nach enthält es jedoch recht viel Innereien und zu wenig Muskelfleisch. In Kombination mit schierem, rohem Muskelfleisch (z.B. Putenbrustfilet), d.h. 50 % Dosenfutter und 50 % Rohfleisch, ist es jedoch eine sehr gute Möglichkeit, seinen kleinen Stubentiger artgerecht zu ernähren. Meiner Meinung nach muss man bei dieser Kombination auch nicht supplementieren (d.h. bestimmte Nahrungsergänzungen zugeben). Diese Fütterung praktiziere ich persönlich. Ein anderes Beispiel für ein gutes Dosenfutter wäre folgendes: 70 % Kalb (50% Herz und Muskelfleisch, bestehend aus 2/3 Fleisch und 1/3 Herz, sowie 50 & Innereien; davon 1/3 Lunge, 1/3 Nieren und 1/3 Leber), 27,45 % Trinkwasser, 1 % Aprikosen, 1 % Ananas, 0,15 % Taurin, 0,15 % Leinöl, 0,15 % Meersalz, 0,1 % Seealge. Für das erste Beispiel habe ich ein Futter von Animonda Carny™ herangezogen, das zweite ist Catz Finefood™. Ebenfalls empfehlen kann ich das Futter Mac's™. Es gibt aber noch einige weitere Anbieter, die recht gutes Futter im Sortiment haben, auch wenn man ein wenig danach suchen muss. Beispiele für schlechtes Futter gebe ich lieber nicht, das könnte für mich unangenehme rechtliche Folgen haben, aber ich möchte dennoch darauf hinweisen, wie man ein schlechtes Futter erkennt. Ein schlechtes Futter enthält undefinierbare Nebenerzeugnisse (Pflanzenabfälle, Getreideabfälle, Klärschlamm, tote Tiere aus Tierkörperverwertungsanstalten, verwestes bzw verdorbenes Fleisch, Zucker, Abfälle der Rohölindustrie (Mineralöle), Zucker, um für den menschlichen Anblick weniger unappetitlich zu erscheinen, was kaum gelingt – im Übrigen können Katzen gar nichts Süßes schmecken, da ihnen die Rezeptoren dafür fehlen. Katzen schmecken salzig, sauer, bitter und umami (herzhaft). Ist nicht aufgelistet, welches Fleisch/ tierischen Nebenerzeugnisse enthalten sind und wieviel, ist das Futter dazu relativ billig, gehört es wahrscheinlich ebenfalls in die Kategorie „Müll". Solche Futter führen zu einer Vielzahl Krankheiten (Zahn-, Nieren-, Leber-, Herz-, Krebs- und sonstige Leiden). Sie werden im Supermarkt, aber z.T. auch im Zoofachhandel angeboten. Im Supermarkt findet man nur selten gute Fertigfutter. Auch das, was Tierärzte anbieten, ist in der Regel geeignet, die Katze krank zu machen und umzubringen. Bestes Beispiel sind klassische Nierendiäten. Wahrscheinlich hat das fleischarme Billigfutter die Nieren krank gemacht (eventuell gibt es auch noch andere Ursachen, z.B. Infektionen), und nun wird ein Nierendiätfutter empfohlen, das ausgerechnet viel Getreide und kaum Fleisch enthält. Wer mit einem Spezialfutter liebäugelt, sollte sich genau die Zutatenliste ansehen. Vielleicht ist die eine oder andere vertretbare Ausnahme dabei. Man muss bedenken, dass Tierernährung in der Ausbildung von Tierärzten kaum eine Rolle spielt. Entsprechend niedrig ist das Wissen von Tierärzten im Allgemeinen über Tierernährung. Aber auch hier gibt es Ausnahmen, Tierärzte, die sich selbst weiterbilden. Oftmals werden sie aber auch von Futtermittelfirmen geschult, die nur ihren Getreideabfall an den Mann bzw die Frau bringen wollen. Vorsicht also, wenn man nach einer Blutuntersuchung der Katze / des Hundes zu hören bekommt: „Die Nierenwerte sind zu hoch!", wenn man das Tier fleischlastig füttert. Es ist normal, dass in diesem Fall die Nierenwerte etwas erhöht sind. Normales Billigfutter, aber auch die meisten Spezialfutter und viele teurere Futter sind äußerst ungeeignet. Bei Nierenerkrankungen kann man sehr gut barfen. Getreide und Innereien sollte man weglassen, ebenso Knochen/ Knochenmehl (hoher Phosphatanteil). Huhn, Pute, Kaninchen und Fisch ist bei Nierenpatienten recht verträglich, eventuell auch Rind. Einige Tierärzte kennen sich tatsächlich mit Rohfütterung gut aus, das ist aber selten. Eventuell kann ein Tierheilpraktiker hilfreich sein. Normale Trockenfutter sind übrigens noch schädlicher als getreidelastiges Dosenfutter. Zum einen besteht es fast nur aus Getreide, was nichts mit artgerechter Katzenernährung zu tun hat, zum anderen enthält es keine Flüssigkeit. Eine Katze müsste auf eine Schale Trockenfutter drei Schalen Wasser schlabbern. Welche Katze tut das? Wenn sie es tut, sind die Nieren wahrscheinlich schon hochgradig zerstört. Die Katze als ehemaliges Wüstentier deckt ihren Wasserbedarf hauptsächlich über die Nahrung, also über Rohfleisch, fleischlastiges Dosenfutter und/ oder kleine Beutetiere wie Mäuse und Ratten. Wenn man unbedingt Trockenfutter geben möchte, dann nur solches auf Fleischbasis (z.B. Applaws™) mit mindestens 70/80 % Fleisch, und nur als kleine Leckerei für zwischendurch (nicht mehr als 10-15 Stück pro Katze und Tag). Normales, getreidelastiges Trockenfutter (aber auch getreidelastiges Dosenfutter) führt desweiteren durch die enthaltene Stärke und den Zucker zu Zahnbelag, der sich in Zahnstein auswachsen kann. Zahnstein sieht nicht nur unschön aus. Er greift auch die Zähne und das Zahnfleisch an. Durch die Blutbahn wandern die Bakterien durch den ganzen Körper und sind so an Herz-, Nieren-, Blasen- und anderen Erkrankungen mitbeteiligt. Normales Trockenfutter führt auch so recht häufig zu Blasen- und Nierensteinen. Wer schon einmal eine Nierenkolik hatte, weiß wie sich das anfühlt (ich spreche aus Erfahrung). Und Zahnschmerzen sind auch für Katzen eine Quälerei, auch wenn sie sich den Schmerz lange nicht anmerken lassen. Man sollte regelmäßig einen Blick ins Maul der Katze werfen. Über richtige Zahnpflege berichte ich später noch. Katzen können Schmerzen lange verbergen. Vielleicht sitzt sie irgendwann vor dem Futternapf und mag nicht fressen, vielleicht riecht sie unangenehm aus dem Maul oder speichelt stark, vielleicht hat sie graue und gelbe Beläge auf den Zähnen oder es sind gar schon Zähne ausgefallen – spätestens jetzt sollte der Tierarzt das Gebiss sanieren, d.h. den Zahnstein per Ultraschall entfernen und kranke Zähne gffs sanieren oder ziehen. Die regelmäßige Fütterung von rohen (!) Kaninchenrippen, Hühnerhälsen oder Hühnerflügeln, Farbratten, -mäusen oder Eintagsküken kann die Bildung von Zahnstein verhindern oder gering halten. Erhitzte Knochen können splittern, das kann gefährlich werden. Rohe Knochen splittern dagegen normalerweise nicht. Ein Hinweis auf hohe Qualität eines Fertigfutterdöschens kann folgender sein: für eine durchschnittliche große Katze (4-5 kg) wird nicht mehr als 200 g Dosennahrung empfohlen. Sind es zwischen 300 und 400 g (oder mehr), kann dies ein Hinweis auf minderwertige Nahrung sein. Im Übrigen werden minderwertiger Nahrung Lockstoffe zugesetzt, damit der Mist auch gefressen wird. Denn eine Katze würde sich nie über ein Getreidemüsli vom Feld hermachen oder von Beutetieren nur die Krallen, Schnäbel, Schuppen, Federn und Haare oder gar freiwillig Verdorbenes und Gammliges fressen.

## BARF

Meiner Meinung nach ist die Rohfütterung das Beste, was man seiner Katze vorsetzen kann, aber auch eine Kombination aus Rohfleisch und Dosenfutter (das praktiziere ich derzeit) ist eine gute Möglichkeit. Es gibt einige gute Bücher über Katzenernährung allgemein und auch über das Barfen/ Rohfütterung. Einige habe ich im Literaturanhang genannt. Wer nicht barfen kann oder möchte, kann auch ein gutes Dosenfutter wählen. Vielleicht entschließt sich der Halter, der eigentlich nie barfen wollte, der Katze immer mal eine kleine Portion Frischfleisch (Hühnerherzen, Putenherzen, Rindergoulasch, Entenbrust, Hühnerbrust, Putenbrust, Kaninchen o.ä.) unter das Dosenfutter zu mischen. Die meisten Katze bekommen glänzende Augen und marschieren schnurrend um die Beine ihrer Menschen, wenn ihr Rohfutter zubereitet wird. Andere rümpfen nur mürrisch die Nase, wenn man ihnen ein Stückchen Rohfleisch vor das Schnäuzchen hält, oder wenn ein Mäuschen vorbeihuscht. Das sind aber eher Ausnahmen, oder die Katzen sind zu sehr an Geschmacksverstärker oder Lockstoffe des Fertigfutters gewöhnt. An Rohfutter gewöhnen kann man nahezu jede Katze. Bei vielen klappt das von Anfang an, aber einige müssen mit viel Geduld daran gewöhnt werden, denn sie verstehen nicht, dass man das Rohfleisch tatsächlich fressen kann. Hier wirkt eine zweite Katze manchmal Wunder… Einige Katzen kommen mit einer plötzlichen Futterumstellung von heute auf morgen prima zurecht, andere brauchen länger und wollen erst gar nicht so recht etwas von dem gesunden Rohfleisch wissen. Man kann in diesem Fall erstmal einen Esslöffel voll gewolftes Rohfleisch (kein Schwein! Gefahr des tödlichen Juckseuchevirus/ Pseudorabies/ Aujeszky-Krankheit!) unter die Dosenmahlzeit mischen. Mit der Zeit wird der Anteil des Rohfleischs erhöht und das Dosenfutter ausgeschlichen. Die meisten Katzen fahren voll drauf ab, andere müssen erst langsam Bekanntschaft machen. Nicht alle Katzen mögen alle Fleischsorten, manche Katzen vertragen auch nicht alle Fleischsorten. Ich persönlich verwende Huhn und Pute (incl. Herz), Kaninchen, ab und zu wird etwas Entenbrust oder Rind unter das Geflügelfleisch gemischt, um für ein wenig Abwechslung zu sorgen. Möglich sind aber alle Fleischsorten (außer Schwein), die von der Katze akzeptiert und vertragen werden, auch frischer Fisch oder Thunfisch aus der Dose. Unverträglichkeiten können sich z.B. in Fell- und Hautproblemen, Verdauungsbeschwerden, Durchfall, Erbrechen, Verstopfung u.a. äußern. Dann sollte man herausfinden, was die Katze nicht verträgt und den entsprechenden Bestandteil weglassen (viele Katzen vertragen z.B. keine Laktose). Mit dem Barfen kann man die natürliche Nahrung des Stubentigers nachbauen. Einige Menschen verfüttern sogar tote (!) Farbratten und -mäuse sowie Eintagsküken. Man kann sie ausschließlich füttern, denn sie enthalten alles, was die Katze braucht. Man kann sie aber auch ab und zu als besondere Leckerei und zur Zahnpflege reichen. Schieres Rohfleisch muss natürlich ergänzt werden, damit es nicht zu Mangelerscheinungen kommt. Entweder füttert man halb und halb mit einem Dosenfutter auf Innereienbasis und mit einer Calcium-/ Phosphorquelle. Oder man setzt gewisse Supplemente zu, falls man nicht entsprechend durch natürliche Zutaten (Knochen, Innereien usw.) die Mahlzeit vervollständigt. Nicht alle Katzen fressen alle Innereien, jedes Fleisch oder Knochen, und dann sollte man entsprechend zufüttern, damit es nicht zu Mangelerscheinungen kommt. Fleisch bekommt man in Geflügelläden, Fleischereien, Bioläden, in BARF-Shops (z.T. im Internet) und in Supermärkten, dabei auf gute Qualität achten und keine minderwertige Billigware kaufen. Supplemente kann man in Drogerien und Bioläden bekommen, in Zoofachgeschäften (auch im Internet) sowie in speziellen BARF-Shops. Viele Shops bieten einen Internetversandhandel an. Eine gesunde BARF-Mahlzeit für einen Tag, die alles enthält, kann folgendermaßen aussehen:

100 g Hühnerbrust

10 g Hühnerherz, 10 g Hühnerleber, 10 g Hühnermagen

10 g geraspelte Karotte

5 g Dinkel- oder Haferflocken

1 Tagesportion Knochenmehl (ca. 0,5 g)

Einige Tropfen Lachsöl

Einige Tropfen Rinderblut oder eine Messerspitze Blutmehlpulver

Ein Esslöffel Brühe von ausgekochten Rindermarkknochen

Eine Prise Seealgenmehl

Eine Prise Kokosraspel und/ oder einige Tropfen Kokosöl (wirkt antiparasitär)

Die Zutaten werden gemischt (Fleisch und Innereien vorher würfeln; für Kitten, kranke Katzen und Katzen mit Zahnproblemen kann man das Fleisch auch wolfen). Man kann fertige BARF-Portionen in kleinen Kunststoffdöschen einfrieren und einen Tag vor Verfütterung stellt man die Portion in den Kühlschrank zum Auftauchen (am besten zimmerwarm verfüttern), Es gibt auch verschiedene Anbieter (auch im Internet), die fertige BARF-Portionen anbieten. Die Qualität ist wie beim Fertigfutter nicht einheitlich. Das Fleisch wird ggfs gefroren in einer Eispackung (Stickstoff, Trockeneis) versendet.

Hin und wieder (1-2 mal wöchentlich) kann man – je nach Vorlieben und Verträglichkeit der Katze – ein rohes Eigelb (oder ganzes rohes Ei), vermischt mit einem Löffel Milch, Joghurt oder Quark anbieten. Für viele Katzen ist das eine gesunde Leckerei. Verträgt die Katze keine Lactose, kann man auf lactosereduzierte Produkte zurückgreifen. In Ei sind alle Vitamine außer Vitamin C enthalten, außerdem Eiweiß. Die Schale enthält viel Calcium und Phosphor und kann zerkleinert unter das Futter gegeben werden. In diesem Fall ersetzt sie die Knochenfütterung. Man kann aber auch Knochenmehl im Zoofachhandel kaufen oder mit einer Knochenmühle selbst herstellen. Seealgenmehl enthält Mineralien und Jod, es bewährt sich bei Hautkrankheiten. Es wird von Katzen in der Natur durch den Verzehr von Seefischen aufgenommen. Lachsöl ist ein für Katzen geeignetes tierisches Fett und wirkt durch die vielen Omega-3-Fettsäuren entzündungshemmend. Mit pflanzlichen Fetten können Katzen als reine Fleischfresser nur bedingt etwas anfangen.

Manche Katzenhalter füttern ihre Tiere ausschließlich mit toten (!) Farbratten und -mäusen und/ oder Eintagsküken. Man kann solche toten Tiere gefroren im Zoofachhandel (auch im Internet) bekommen. Es ist nicht jedermanns Sache, aber es ist praktisch die natürliche Ernährung der Katze. Die Katze bekommt alles was sie braucht, die Zähne werden gepflegt und obendrein schmeckt es der Katze auch noch. Man kann auch eine oder mehrere Mahlzeiten in der Woche durch Eintagsküken, Ratten oder Mäuse ersetzen. Für die Katze ist ein besonderes Vergnügen und peppt die Nahrung besonders artgerecht auf. Meine eigene Katze ist Freigänger – neben Rohfleisch und Carny, das er von mir zu Hause bekommt, versorgt er sich draußen mit Kleintieren, meist in Form von Mäusen. Ab und zu wird auch mal eine große Spinne, ein Vogel, eine Blindschleiche oder ein Maulwurf erbeutet und verspeist. So macht Banditchen sich nebenbei noch sein eigenes BARF!


**Das richtige Getränk**

Frisches Wasser muss immer bereit stehen. Manche Katzen mögen lieber abgestandenes Wasser, z.B. aus der Gießkanne. Oder man wechselt das Wasser nur alle 2-3 Tage (den Napf gründlich reinigen). Außerdem sollte man mindestens zwei Wassernäpfe anbieten (einen davon nicht neben dem Fressnapf), da Katzen normalerweise nicht neben ihrem Trinkwasser fressen, um das Trinkwasser nicht zu verschmutzen. Normale Kuhmilch wird von den meisten Orientalen nicht gut vertragen. Dann kann man entweder laktosereduzierte Milch geben, oder man lässt Milch ganz weg. Vergorene Milchprodukte wie z.B. Joghurt (Naturjoghurt ohne Zucker und Zusätze wie Früchte) vertragen auch Orientalen oft recht gut in kleinen Mengen (z.B. 1-2 EL Naturjoghurt mit einem frischen Eigelb vermischt oder pur). Auch Hartkäse mögen und vertragen Orientalen oft recht gut.

## Leckerchen

Für Katzen geeignete Leckerchen sind Trockenfutter auf Fleisch-basis (mind. 70 % Fleisch), Trockenfleisch, Trockenfisch, Dörr-fleisch. Dörr-/ Trockenfleisch kann man fertig im Zoofachhandel kaufen oder mit einem Dörrautomaten selbst herstellen. Man kann auch feine Fleischstreifen schneiden, auf ein Backblech le-gen und im Ofen bei 100 °C 2-4 Stunden (ggfs auch länger) und bei leicht geöffneter Ofentür (einen Holzlöffel in die Tür klem-men) garen. Leckerchen erhalten die Freundschaft. Man kann die Katze sie sich auch erarbeiten lassen, z.B. indem man sie in einem Fummelbrett verteilt. Zucker- und getreidehaltige Leckerchen sollte man vermeiden. Wenn es die Katze mag und ver-trägt, kann sie auch hin und wieder ein Ei, ein Eigelb, ein wenig milden Käse und Joghurt (ggfs laktosereduziert) oder ein paar kleine Flöckchen Butter als Leckerli bekommen. Reine, normale Kuhmilch und nicht-laktosereduzierte Milchprodukte werden wie oben ausgeführt von Orientalen meist nicht vertragen. Am gesündesten und am besten geeignet sind Trockenfleisch und Trockenfisch, die ggfs auch ein wenig die Zähne beanspruchen.

## Sonstiges

Frisches Wasser steht immer bereit, mindestens zwei Näpfe in der Wohnung, einer davon nicht direkt neben dem Futter. Man kann Rohfutter auch kochen. Dabei gehen aber viele wichtige Inhaltsstoffe verloren (z.B. das für Katzen lebenswichtige Taurin). Meiner Erfahrung nach wird gekochtes Fleisch auch nicht ge-fressen; bestenfalls wird Rohes abgefressen, während Gegartes im Napf bleibt. Pflanzliche Stoffe dürfen wenn überhaupt nur in winzigen Mengen vorhanden sein (z.B. eine Prise Dinkelflocken oder geriebene Karotte als Ballaststoff – keinesfalls mehr, als ein Beutetier im Magen-Darm-Trakt hätte). Reste stellt man in den Kühlschrank und bietet sie bei der nächsten Mahlzeit wieder an, falls sie noch verwertbar sind. Andernfalls entsorgen. Das Futter sollte Zimmertemperatur haben. Geöffnetes Dosenfutter sollte man nicht länger als 2-3 Tage im Kühlschrank lassen. Geflügelfleisch und Kaninchen ist im Kühlschrank 2-3 Tage haltbar, Rindfleisch etwa 5-6. Die Futter- und Wassernäpfe werden mindestens 1 mal täglich gründlich gespült. Etwas Kokosöl oder -flocken im Futter wirken gegen Würmer, ins Fell gerieben wirkt Kokosöl auch gegen äußere Parasiten (bei stärkerem Befall kann es allerdings nötig sein, auf ein Parasitenpräparat vom Tierarzt zurückzugreifen).

**Tabu** sind Fertigfutter mit einem Fleischgehalt von unter 70 %. Weiterhin ungeeignet bis (u.U. tödlich) giftig sind Kakao/ Schokolade, Zucker (auch wenn Katzen gar nichts Süßes schmecken können), Zwiebeln, Avocado, Knoblauch, Medikamente, die nicht eindeutig vom Tierarzt oder Tierheilpraktiker verschrieben wurden. Ganz schädlich sind auch Getreidetrockenfutter. Weiterhin darf die Katze nicht fressen: rohes Schweinefleisch (Gefahr der Juckseuche/ Aujeszky-Krankheit/ Pseudowut → endet tödlich!), erhitzte Knochen (können splittern), Alkohol, Kaffee, Schwarztee, Hefe, Energydrinks, Porree, Lauch, Schnittlauch, Zucker, Xylit, unreife Tomaten und Kartoffeln, Weintrauben und Rosinen, Zitrusfrüchte (ohne Anspruch auf Vollständigkeit). Normale Milch wird wie schon erwähnt von den meisten Orientalen nicht vertragen. Sog. Katzenmilch, die man im Handel kaufen kann, ist ebenfalls gesundheitsschädlich. Sie enthält u.a. viel Zucker und andere für Katzen ungeeignete und giftige Stoffe.


## Gesundheit

<u>Allgemeines</u>

Katzen, auch Orientalen, können bei guter Genetik, Gesundheit und Pflege ca. 20-25 Jahre alt werden, in einigen Fällen erreichen sie sogar ein höheres Alter. Die ältesten bisher bekannten

Katzen wurden 36 bzw 38 Jahre alt. Nicht wenige Katze erreichen heute nur noch ein Alter von etwa 10-12 Jahren. Schuld
sind oft Nieren- und Krebserkrankungen, die wiederum zumindest teilweise oftmals auf falsche Fütterung zurückzuführen sind.
Damit die Katze also gesund ins hohe Alter kommen, ist einiges
zu beachten.

## Kastration

Alle Freilauf- und Nichtzuchtkatzen sowie halbwilde Katzen, die
vom Menschen mit Futter versorgt werden, müssen unbedingt
kastriert werden, damit sie nicht weiter für unerwünschten Nachwuchs sorgen. Die Kastration verhindert auch oft Folgekrankhei-
ten, wie Gesäugetumoren (bei frühzeitiger Kastration). Hoden-
tumoren, Eierstock- und Gebärmuttererkrankungen sind nicht
mehr möglich. Die Haltung der Katze wird um einiges einfacher,
denn nicht kastrierte Katzen – Kätzinnen wie Kater – markieren
mit Harn und machen dabei meistens auch nicht vor der Wohnung halt. Kätzinnen schreien während der Rolligkeit lautstark
nach einem Kater. Orientalische Kätzinnen können das besonders gut... Sind die liebestollen Kater wiederum einer rolligen
Kätzin auf der Spur, sehen und hören sie nichts anderes mehr
und werden oftmals Opfer von Verkehrsunfällen. Eine Schein-
trächtigkeit bei der Kätzin ist nicht schön, sie bemuttert Gegenstände als seien dies Kitten und sondert manchmal sogar etwas
Milch aus den geschwollenen Zitzen ab. Scheinträchtigkeiten
wiederum ziehen häufig Gebärmutterentzündungen nach
sich. Ganz abgesehen davon werden die Tierheime Jahr für
Jahr von Schwemmen ungewollter Kitten überflutet, weil die
Katzenhalter aufgrund von Sorglosigkeit oder Uninformiertheit
die Kastration ihrer Freigänger nicht für nötig halten, vielleicht
war sogar Nachwuchs gewünscht oder der Halter war der Meinung, es „sei gut, wenn Kätzin oder Kater einmal Nachwuchs
hätten". Das ist es ganz sicher nicht. Wer züchten will, sollte zu-
sehen, dass seine Rassekatze eine Zuchtzulassung bekommt und

sich natürlich einem Rassekatzenzuchtverein anschließen, der Orientalen betreut, Schutz für den „Zwinger" beantragen und sich das notwendige Wissen über Genetik, Katzen allgemein, Zucht, die Rasse usw aneignen. Jede Nichtzuchtkatze, jeder Freigänger und jede halbwilde Katze, die vom Menschen versorgt wird, muss kastriert werden. Die Kätzin kann schon mit 3 Monaten kastriert werden, der Kater sollte möglichst mit spätestens 8 Monaten kastriert werden. Beim Kater werden die Hoden unter Vollnarkose vom Tierarzt entfernt, bei der Kätzin die Gebärmutter und Eierstöcke. Kastration ist harmlos. Was ungewollte Katzen auf der Straße erleben, ist dagegen einfach grausam. Jahr für Jahr werden zahllose ungewollte Katzen qualvoll ermordet – ertränkt, erschlagen, vergiftet, erschossen, im Müll entsorgt oder einfach auf der Straße überfahren. Wer seinen Freigänger nicht kastrieren lässt, macht sich am Katzenelend mitschuldig. Aber auch kastrierte „Hausorientalen" leben länger, gesünder und ruhiger als Nicht-Kastraten.

Über den genauen Ablauf der Kastration und was der Halter vor und nach der Kastration beachten muss, berät der Tierarzt. Die Katze darf am Tag der Kastration nichts mehr fressen, weil sie eine Narkose bekommt. Bei Kätzinnen ist der Eingriff ein klein wenig aufwendiger als bei Katern, weil es eine Operation in der Bauchhöhle ist. Sind beim Kater die Hoden nicht abgestiegen, sondern im Bauchraum verblieben, sind sie also von außen nicht tast- und sichtbar, ist die Kastration auch hier etwas aufwendiger. Hoden, die im Bauchraum verbleiben, neigen eher zu Tumorbildung. Solche Kater sollten ebenfalls unbedingt kastriert werden. Nachsorge ist beim Kater meistens nicht nötig, bei der Kätzin müssen eventuell nach 1-2 Wochen Fäden gezogen werden. Auch Kätzinnen können genetische Träger für Hodenhochstand, Einhodigkeit oder Hodenlosigkeit sein. Die Kastration kostet etwa 50-130 € (beim Kater günstiger als bei der Kätzin). Im Übrigen existiert schon in einigen deutschen Städten eine Kastrations- und Chippflicht für Freigängerkatzen, in anderen wird sie gefordert. Der Schritt in diese Richtung ist nur zu begrüßen.

## Infektionskrankheiten, Impfungen und Parasitenprophylaxe

Neben Unfällen stellen durch Viren und Bakterien verursachte Krankheiten eine Gefahr für Katzen dar. Krankheiten können von Tier zu Tier übertragen werden, aber beispielsweise auch über Gegenstände und Menschenhände. Katzen sollten gegen die wichtigsten Infektionskrankheiten zumindest ausreichend grundimmunisiert werden, Freigänger, Zuchtkatzen, Katzen die auf Zuchtschauen gehen oder wenn die Katze beispielsweise in eine Tierpension gebracht wird, sollten je nach Beurteilung des Tierarztes regelmäßig (alle 1-3 Jahre) nachgeimpft werden. Wirkt eine Katze krank, hat sie sich verletzt, läuft sie eigenartig, verweigert sie das Futter, hat sie irgendwo ungewohnten Ausfluss oder Blutungen, benimmt sie sich eigenartig, bemerkt man plötzliche Wesensveränderungen, Umfangsvermehrungen am Körper (z.B. Knoten, Beulen), hat sie stumpfes Fell, magert sie ab oder wird sie plötzlich dick, oder ist sie einfach seltsam und wirkt krank, sollte sie umgehend dem Tierarzt vorgestellt werden. Der Tierarzt stellt auch einen Impfpass aus, in dem alle vorgenommenen bzw aufgefrischten Impfungen vermerkt werden. Die Katze sollte ausreichend grundimmunisiert werden, das hat schon mancher Katze das Leben gerettet. Bei vielen Erkrankungen hilft eine Behandlung oft nicht mehr, bei der Tollwut ist sie sogar verboten. Bei Grenzübertritten mit der Katze kann es sein, dass man eine ausreichende, gültige Impfung gegen Tollwut mittels Impfpass vorweisen muss, möglicherweise muss man auch ein entsprechendes Zeugnis vom (Amts-) Tierarzt vorlegen.

**Katzenschnupfen** ist eine gefährliche Infektionskrankheit. Befallen werden vor allem Jungtiere, ältere Tiere, gestresste und geschwächte Katzen. In akutem Stadium erinnert die Krankheit an einen normalen Schnupfen, die Katze hat Ausfluss aus Nase, Maul und Augen. Die Erkrankung hat jedoch nichts mit einer Erkältung zu tun. Katzenschnupfen kann unbehandelt chronisch werden und sogar tödlich enden.

**Feline Infektiöse Peritonitis (FIP)** ist eine ansteckende Bauchfellentzündung. Der Bauchraum füllt sich bei der nassen Form mit Flüssigkeit und wirkt sehr aufgebläht bzw vergrößert. Bei der trockenen Form bilden sich Knoten im Bauch, eventuell in Gehirn und Lunge. Kann tödlich enden.

**Katzenseuche** kann ähnliche Symptome aufweisen wie Katzenschnupfen, es kann auch zu blutigen Durchfällen, Magen-Darmproblemen und weiteren Symptomen kommen. Manche Katzen zeigen kaum Symptome. Die Erkrankung ist hoch ansteckend und endet meistens tödlich.

Das **Feline Immundefizienz-Virus (FIV)** löst bei Katzen eine Immunschwäche, ähnlich dem HI-Virus bei Menschen aus, eine Übertragung Katze-Mensch ist jedoch nicht möglich. FIV verläuft lange ohne Symptome; häufig wird es bei Kämpfen bzw Bissen übertragen. Bei Fortschreiten der Erkrankung bzw durch Sekundärinfektionen endet FIV tödlich.

**Feline Leukose (FeL)** ist hoch ansteckend und auch als Katzenleukämie bekannt. Das Virus kann jahrelang in der Katze schlummern, ohne erkennbar zu sein oder die Katze irgendwie zu beeinträchtigen. Bricht FeL jedoch aus, endet sie grundsätzlich tödlich. Es kommt zu Tumorbildung, starkem Ansteigen weißer Blutkörperchen, Immunschwäche, Zahnfleischproblemen, Gelbsucht.

**Tollwut** ist in Deutschland durch flächendeckende Impfungen zum Glück so gut wie ausgerottet. Da Freigänger möglicherweise Kontakt zu Wildtieren haben, sollten sie geimpft werden. Man weiß nie, ob Tollwut nicht wieder eingeschleppt wird. Sie ist übertragbar auf Vögel und alle Säugetiere (einschließlich Menschen). Symptome sind z.B. abnormes Verhalten, Raserei, Beißwut, aber auch plötzliche Zahmheit bei sonst scheuen Tieren, starkes Speicheln, Krämpfe und Lähmungen, die schließlich zum Tod führen. Eine Behandlung ist meines Wissens nicht möglich und wäre ohnehin verboten. Stellt der Tierarzt die Erkrankung fest, oder hat er einen hand- und fußfesten Verdacht bei nicht ausreichender Immunisierung der Katze, schläfert er den Patienten sofort ein. Außerdem ist Tollwut meldepflichtig. Auf Zuchtschauen, in Tierheimen und in Tierpensionen wird grundsätzlich auf eine ausreichende Immunisierung gegen Tollwut geachtet. Es dürfen auch Tiere, die nur tollwutverdächtig sind, auf der Stelle getötet werden. Tollwutverdächtig ist u.a. auch ein nicht ausreichend immunisiertes Tier, das sich in einem tollwutgefährdeten Bereich aufgehalten hat.


Bei einigen Erkrankungen können **Tierheilpraktiker** und **Tierphysiotherapeuten** geeignete Ansprechpartner sein, teilweise bieten Tierärzte einen ähnlichen Service an. Naturheilkunde ist kein Ersatz für klassische Tiermedizin, kann aber in einigen Fällen eine sanfte Unterstützung darstellen. Manchmal verschaffen naturheilkundliche Verfahren noch Linderung, wenn die klassische Medizin bereits versagt hat. Die Wirkung lässt sich allerdings nicht immer wissenschaftlich eindeutig belegen und ist teilweise umstritten. Naturheilmittel und Homöopathie werden häufig erfolgreich bei Bronchitis, Allergien, Erkältungen usw angewandt. Bei Angst, Aggression und Erschöpfung können Bachblütentropfen helfen. Man kann sie beim Tierarzt oder Tierheilpraktiker bekommen, die auch über die Anwendung beraten können. Bachblüten sorgen oft für Beruhigung. Auch Akkupunktur hat schon vielen Tieren geholfen. Der Tierarzt oder Therapeut braucht dafür eine spezielle Ausbildung. Akkupunktur soll die Energieströme im Körper wieder in die richtigen Bahnen lenken. Akkupunktur hilft bei Erkältungen, Gelenkproblemen, Entzündungen, Arthrose, Schmerzen u.a. Aber auch Massagen, Elektrotherapie, Akkupressur u.a. werden bei Katzen mit Verspannungen, Nerven-, Gelenk- und Knochenleiden, nach Operationen u.a. erfolgreich eingesetzt (sofern die Katze kooperativ ist...). Vielleicht findet man einen Therapeuten, der Hausbesuche macht. Dann hat die Katze nicht noch den Transportstress. Leider ist das nicht immer möglich. In Tierkliniken kann man vielleicht Hilfe bekommen, aber auch Tierärzte können vielleicht Kontakte zu entsprechenden Therapeuten vermitteln. Manche Tierärzte bieten entsprechende Behandlungen sogar selbst an.

Bei **Parasitenbefall** – innerlich wie äußerlich – ist die Katze entsprechend mit einem Mittel vom Tierarzt zu behandeln. Bei leichtem Befall kann man es erstmal mit Hausmittelchen versuchen. Ich habe sehr gute Erfahrungen mit Kokos gemacht. Als Öl kann man es ins Fell reiben, aber auch – ebenso wie Kokosraspel - ins Futter geben. Es hilft sowohl gegen Würmer (innere Parasiten) als auch äußerlich, z.B. gegen Zecken, Flöhe und Haarlinge. Bei geschwächten Tieren, Kitten, tragenden und säugenden Katzen sowie bei schwerem Parasitenbefall kann es jedoch nötig sein, auf ein Mittel vom Tierarzt auszuweichen (bei geschwächten Tieren und Kitten kann ein starker Wurmbefall zum Tod führen; Kitten können schon im Mutterleib absterben). Parasitenmittel gibt es als Pasten, Tropfen, Pulver, Puder, Halsbänder und Spot-On (Tropfen, die auf die Haut, etwa im Nacken, geträufelt werden). Parasiten können neben unangenehmem Juckreiz und Hautrötungen auch zu Sekundärinfektionen führen. Zecken können z.B. Borreliose, Hirnhautentzündung und andere böse Infektionen übertragen. Bei Zecken handelt es sich um kleine, braungräuliche Spinnentiere (es gibt auch andere Arten), die vom Frühjahr bis zum ersten Frost im Gebüsch und auf Wiesen herumstiefeln. Streift ein Wirt, also beispielsweise eine Katze, vorbei, lässt sich die Zecke mitnehmen, d.h. sie klettert in das Fell der Katze, läuft eine Weile darauf herum und beißt sich schließlich fest bzw sticht. Je mehr Blut sie saugt, desto größer wird sie (und desto besser kann man sie entfernen). Wird sie nicht entfernt, lässt sie sich fallen, sobald sie „satt" ist. Ist die Zecke noch auf der Katze unterwegs, nimmt man sie einfach weg und entsorgt sie beispielsweise in der Toilette. Hat sie sich festgebissen, packt man sie am besten mit einer Zeckenzange (beim Tierarzt oder in der Apotheke erhältlich) direkt am Kopf und zieht sie heraus. Zwar besitzen Zecken kein Schraubengewinde, aber ich bekomme sie am besten mit einer leichten (nicht ruckartigen!) Drehung heraus, während andere sie gerade herausziehen. Ein steckengebliebener Zeckenkopf kann zu Infektionen führen, also in diesem Fall die Katze genau beobachten. Man sollte keine Öle o.ä. auf die Zecke träufeln, da sie dann im Todeskampf noch einmal ordentlich ihr giftiges Sekret ausspuckt. Verhält sich die Katze einige Tage nach dem Zeckenbiss seltsam, ist sie vielleicht schläfriger als sonst, läuft sie seltsam o.ä., sollte man sie dem Tierarzt vorstellen (Borreliosegefahr!). Meines Wissens sind verschiedene „Zeckenimpfungen" möglich, man sollte sich beim Tierarzt erkundigen. Ich selbst habe derartige Impfungen jedoch noch nie für meine Tiere in Anspruch genommen. Würmer, also z.B. Band-, Spul-, Hakenwürmer usw, kann sie die Katze zuziehen, wenn sie draußen an einem infizierten Häufchen schnüffelt oder eine infizierte Maus o.ä. frisst. Allerdings dürfte das Fressen eines Zwischenwirtes weniger ein Problem darstellen, da die Magensäure der Katze so einiges abtötet. Beim Beschnüffeln oder Berühren infizierter Elemente zieht sich die Katze wahrscheinlich eher Würmer zu. Würmer leben in den Eingeweiden ihrer Wirte und werden über den Kot ausgeschieden. Sie können Krankheiten übertragen, aber auch weitere Parasiten. Sie leben im Tier, das immer weiter abmagert, trotz gutem Appetit – die Würmer brauchen die aufgenommene Nahrung für sich auf. Symptome für Würmer können sein: Erbrechen, Durchfall, Verstopfung, Abmagerung trotz guten Appetits, Appetitlosigkeit, stumpfes Fell, glanzlose Augen, Husten und Schnupfen (weil sich Würmer auch in den Atemwegen herumtreiben können). Im Kot kann man weiße Stücke sehen, manchmal schauen Würmer aus Nase oder After des Tieres heraus (ziemlich unappetitlich!). Man kann es mit Kokos oder einem anderen Hausmittel probieren, bei einem stärkeren Befall sollte man ein Mittel vom Tierarzt benutzen. Katzen sollen sich durch den Verzehr von infizierten Kleintieren anstecken, aber eigentlich sollte die aggressive Magensäure keinen Wurm überleben lassen. Oder sie schnüffeln an einem infizierten Häufchen. Regelmäßige Entwurmungen sind nicht sinnvoll (es sei denn, es sind kleine Kinder, immungeschwächte Personen, Schwangere sowie geschwächte oder trächtige Tiere sowie Kitten im Haus, denn bei Kitten kann starker Wurmbefall zum Tod führen; Kleinkinder sowie immungeschwächte Personen können ebenfalls anfällig sein. Dann entwurmt man alle 2-3 Monate). Regelmäßige Entwurmungen schwächen auch das Tier. Man kann entweder regelmäßig beim Tierarzt eine Kotprobe der Katze untersuchen lassen und dann gezielt entwurmen, oder man gibt ein Mittel, wenn die Katze entsprechende Auffälligkeiten zeigt. Flöhe erkennt man an starkem Juckreiz am Tier sowie dem schwarzen Flohkot, der aus dem Blut der Katze besteht und rot wird, wenn man ihn mit Wasser mischt. Auch Flöhe können zu bösen Folgeinfektionen führen. Bei Flohbefall behandelt man die Katze am besten mit einem Mittel, das der Tierarzt auswählt. Aber man muss auch die Wohnung bzw die Aufenthaltsplätze der Katze mitbehandeln, weil die meisten Flöhe außerhalb des Wirts leben, ebenso die Flohbrut. Es gibt „Indoorexfoggers", mit denen man die Wohnung flächendeckend einnebeln kann. Alle Menschen und Tiere sollten die Wohnung für mindestens zwei Stunden verlassen. Es dürfen keine Lebensmittel herumliegen. Anschließend kehrt man in die Wohnung zurück, nun müssten alle Flöhe tot sein. Man sollte nun gründlich staubsaugen und auch die Wohnung gut durchlüften.


Katzenpflege

Sofern eine naturnahe Ernährung nicht ausreichen sollte, um das Gebiss gesund zu halten (weiße Zähne ohne Ablagerungen, rosiges, nicht rotes bzw entzündetes Zahnfleisch), muss man die Zähne der Katze pflegen. Man kann es mit Zähneputzen versuchen (die Katze kann hierauf recht kratzbürstig reagieren). Ich benutze eine im Zoofachhandel erhältliche Katzenzahnbürste, die man sich über den Finger stülpt, sowie 3%ige Wasserstoffperoxydlösung, mit der die Zähne geputzt werden (meine Katze hasst das sehr...). Anschließend wird Dentisept™ aufgetragen, das ich über den Internetversand bestelle; einige Tierärzte verkaufen es auch in ihrer Praxis. Dentisept™ ist eine klebrige, zähe, halbflüssige Masse, die auf Zahnfleisch/ Zähne aufgetragen wird (es scheint grausam zu schmecken). Es tötet Bakterien, Pilze, Viren usw ab und verringert Zahnstein und Zahnbelag bzw beugt diesem vor. Man kann es täglich auftragen, ich mache das 1mal wöchentlich zusammen mit der Ohrenreinigung. Übrigens: Trockenfutter reinigt keine Zähne. Es greift die Zähne an. Normales Trockenfutter besteht aus Getreide bzw Stärke und Zucker und bleibt an den Zähnen kleben, sofern es nicht im Ganzen geschluckt wird. Das führt zu Zahnstein und schlechten Zähnen. Aber auch Trockenfutter auf Fleischbasis verhindert keinen Zahnstein. Größere, rohe Fleischstücke, rohe (!) Hühnerhälse, Hühnerflügel oder Kaninchenrippen, Eintagsküken oder Ratten und Mäuse, die man (tot und gefroren!) im Zoofachhandel kaufen kann, halten Zahnstein meistens gering bzw verhindern ihn. Eventuell hilft Trockenfleisch. Freigängerkatzen versorgen sich draußen selbst zusätzlich mit Kleintieren wie z.B. Mäusen, was wiederum einen positiven Effekt auf die Zähne hat. Reicht das alles nicht aus, kann nur noch der Tierarzt den Zahnstein unter Narkose mittels Ultraschall entfernen. Zahnstein sieht nicht nur unschön aus (man findet dann gelbe, braune und graue, harte Beläge an den Zähnen). Er führt zu Zahnausfall, Vereiterungen, Blutungen, Zahnschäden und durch die Blutbahn wandern die Bakterien durch den ganzen Körper und können so an Folgeerkrankungen wie z.B. Herz- und Nierenschäden mitbeteiligt sein. Auch das Fell muss gepflegt werden. Beim Bürsten massiert man die Katze und regt die Durchblutung an, das Haaren im Haus fällt weit geringer aus und man unterstützt die Katze, die die ausgekämmten Haare nicht auflecken und dann mühsam wieder hervorwürgen muss. Langhaarige Katzen müssen ohnehin regelmäßig gebürstet werden, damit ihr Fell nicht verfilzt, das man dann mühsam entwirren oder gar teilweise aufschneiden müsste (vorsichtig längs von unten nach oben mit einer runden Schere). Im Zoofachhandel sind verschiedene Kämme und Bürsten für jeden Haartyp erhältlich. Kann die Katze heruntergeschluckte Haare nicht mehr auswürgen, müssen sie operativ entfernt werden, denn die Katze könnte sonst sterben! Katzen- oder Gartengras hilft der Katze beim Loswerden der Haare (diese werden entweder hervor gewürgt oder mit dem Kot ausgeschieden). BARFen oder Nassfutter auf Fleischbasis helfen ebenfalls, das Haaren in Grenzen zu halten. Die Augen kann man ggfs. vorsichtig mit einem feuchten Tuch von innen nach außen auswischen. Die Ohren wischt man alle 1-2 Wochen, jedoch mindestens einmal im Monat mit einem in Babyöl getränkten Wattepad vorsichtig aus (nur den sichtbaren Teil des Ohres, nicht im Innenohr herumstochern!). Oder man gibt einige Tropfen spezielle Reinigungsflüssigkeit aus dem Zoofachhandel in die Katzenohren. Der Reiniger macht das Ohr sauber, und die Katze schleudert durch anschließendes Kopfschütteln den Dreck selbst aus den Ohren. Oder man wischt mit einem Wattepad nach. Riechen die Ohren unangenehm, hat die Katze seltsame „Krümel" und Beläge in den Ohren, sind die Ohren gerötet o.ä., sollte die Katze dem Tierarzt vorgestellt werden. Die Krallen pflegt die Katze selbst, indem sie kratzt und dabei die losen Krallenhüllen abstreift, die entstehen, wenn neues Horn wächst und altes abstirbt. Der Katze müssen ausreichende Kratzmöglichkeiten (z.B. ein Kratzbaum) zur Verfügung stehen; Freigänger suchen sich zusätzlich Kratzmöglichkeiten wie z.B. Bäume oder Äste im Freien. Ansonsten putzt die Katze sich natürlich auch selbst, sollte aber durch genannte Maßnahmen unbedingt unterstützt werden.


## Bei Orientalen häufiger auftretende gesundheitliche Probleme

Bei Orientalen können verschiedene, z.T. genetisch bedingte Krankheiten und Defekte auftreten. Es versteht sich von selbst, nur absolut (erb-) gesunde Katzen zur Zucht zuzulassen.

*Knickschwanz:* Den Knickschwanz haben einige Siamkatzen von ihren Vorfahren geerbt. Er gehört zu den ursprünglichen Merkmalen, ist heute aber verständlicherweise nicht mehr erwünscht. Diese Fehlbildung wird autosomal-rezessiv vererbt. Das bedeutet, es muss auf beiden Chromosomen der Katze das krankmachende Gen vorhanden sein. Oder anders ausgedrückt: die Katze erbt es von beiden Eltern zu gleichen Teilen. Bei beiden Eltern ist das krankmachende Gen einmal vorhanden, kommt aber nicht zum Ausdruck, weil es von einem dominanten Gen überlagert wird. Erbt die Katze das krankmachende Gen von beiden Eltern, kommt der Knickschwanz bei ihr zum Ausdruck. Der Schwanz der Katze verläuft gerade, knickt aber dann mehr oder weniger an einer Stelle ab. Eine knochige Verdickung ist oft fühlbar. Inzwischen achtet man in der Zucht vermehrt auf Eltern mit gesunden Schwänzen, so dass diese Fehlbildung zum Glück deutlich zurück gegangen ist.

*Hydrocephalus:* Der Hydrocephalus (Wasserkopf, Gehirnwassersucht) ist eine letale Missbildung, die bei Orientalen auftreten kann. Letal bedeutet, dass diese Missbildung in der Regel einen tödlichen Verlauf nimmt. Die Vererbung ist nicht völlig geklärt, es scheint sich aber um einen autosomal-rezessiven Erbgang zu handeln. Die Kitten haben einen aufgetrieben wirkenden Kopf und Schmerzen. In der Regel sterben die Kitten bald nach der Geburt oder werden vom Tierarzt erlöst.

*Progressive Retinaatrophie (PRA):* Hierbei handelt es sich um eine Art Netzhautschwund. Die Erkrankung ist genetisch bedingt und vererbt sich rezessiv, muss also von beiden Eltern kommen, um in Erscheinung zu treten. Die Zapfen und Stäbchen degenerieren hierbei fortschreitend. Auslöser sind Stoffwechselstörungen im Gewebe der Netzhaut, die immer weiter voranschreiten. Anfangs zeigt sich oft „nur" eine Nachtblindheit. Mit der Zeit kann die Katze erblinden.

*Strabismus (Schielen):* Hierbei handelt es sich um eine Augenmuskelstörung, bei der die Augen zueinander in einer

Fehlstellung liegen. Die Anlage ist genetisch bedingt, scheint die Katzen aber nicht zu beeinträchtigen.

*Nystagmus (Augenzittern):* Dies scheint mit der verringerten Einlagerung von Melanin in Zusammenhang zu stehen, offensichtlich handelt es sich aber um keine eigene Erbkrankheit bei Siamesen. Nystagmus kommt häufig bei Siamesen und Balinesen vor. Die Katzen haben aber scheinbar kein Problem mit der Fixierung von Beutetieren und der erfolgreichen Jagd.

*Taubheit und Gehörstörungen:* Taubheit und Gehörstörungen können bei Orientalen auftreten. Bei weißen Katzen tritt die Taubheit öfter auf als bei farbigen Katzen. Weiße, blauäugige Katzen sind besonders oft betroffen. Die Foreign White ist allerdings heute überwiegend von genetischer Taubheit frei. Bei der Foreign White werden die blauen Augen durch das Siam- oder Maskengen verursacht, und nicht durch das Weiß-Gen, weshalb die Foreign White in der Regel normal hören kann. Durch spezielle Untersuchungen, z.B. Audiometrietests in Narkose, kann der Tierarzt feststellen, ob die Katze normal hört oder nicht. Natürlich dürfen nur einwandfrei hörende Katzen in die Zucht! In der Regel wird Taubheit durch eine Regeneration des Innenohrs verursacht. Manchmal sind Katzen mit unterschiedlich gefärbten Augen (odd-eyed) „nur" auf der Seite mit dem blauen Auge taub. Die Schnecke des Innenohrs ist bei diesen Katzen degeneriert. Laut einigen Studien könnte angeborene Taubheit bei Katzen auf das beim Menschen bekannte Waardenburg-Syndrom zurückführen sein. Das Syndrom bewirkt Hör- und Pigmentverlust durch einen genetisch bedingten Defekt der Neuralleiste. Solche Defekte können auch bei Katzen zu Taubheit führen. Das Waardenburg-Syndrom Typ 2A, geht auf eine Mutation des microphthalmie-assoziierten Transkriptionsfaktors (MITF) zurück und wurde bei anderen Säugetieren (Hunden, Mardern, Mäusen) gefunden, die weiß gefleckt (Pigmentmangel) sind und Degenerationserscheinungen am Innenohr, wie bei weißen Katzen, aufweisen. MITF kann zu verschiedenen Formen von

Scheckung und Leuzismus (keinerlei pigmentbildende Zellen vorhanden) führen. Es kann auch zu Fehlbildung der Augen kommen. Das epistatische Weiß der Katze wird durch ein Allel des Gens verursacht, welches die Tyrosinkinase KIT kontrolliert (allgemein mit W bezeichnet). Tyrosinkinasen gehören zu den Enzymen aus der Familie der Proteinkinasen, deren Aufgabe die reversible Übertragung einer Phosphatgruppe (Phosphorylierung) auf die Hydroxygruppe der Aminosäure Tyrosin eines anderen Proteins ist. Dadurch wird die Wirkung des Zielproteins stark beeinflusst. So leisten Tyrosinkinasen auch als Teil von Rezeptorsystemen einen wichtigen Beitrag zur Signalübertragung. Dieses Allel kann auch die Pigmentierung und das Hörvermögen hemmen. Gleich, welche Farb- und Zeichnungs-Gene eine Katze mit einem Allel W hat, sie ist immer rein weiß. Weiß überlagert bei Katzen alle anderen Farben. Eine Katze ohne dieses Allel (ww) zeigt ausgeprägte Farbe und Zeichnung. Durch Mutationen der Tyrosinkinase kommt es beim Menschen zu gefleckten Pigmentstörungen und unterschiedlichen Augenfarben. Es ist nachgewiesen, dass KIT-Mutationen zur Verstärkung des MITF führen, dem Gen, welches das humane Waardenburg-Syndrom Typ 2A auslöst. Bei weißen Katzen können die blauen Augen auch aufgrund des Masken- oder Siam-Point-Genes (c, Colouration) verursacht sein, wie schon erwähnt, welches dann reinerbig vorliegen muss (cc). Nicht jede weiße Katze mit blauen Augen ist taub. Möglich ist weiterhin eine extrem ausgeprägte Weiß-Scheckung (S), bei der allerdings oft irgendwo am Körper zumindest winzige Farbflecken zu finden sind. Die Foreign White zeigt, dass nicht jede weiße Katze mit blauen Augen unter Taubheit und Hörstörungen leiden muss. In der Regel ist die Foreign White völlig normal hörend, da – wie schon gesagt – die blauen Augen durch das Siam- oder Maskengen zustande kommen und nicht durch das Weiß-Gen.

*Herz- und Gefäßerkrankungen:* Im Herz- und Gefäßsystem der Siamkatze gibt es zwei vererbbare Krankheiten. Bei der endokardialen Fibroelastose (Erbgang bislang noch unbekannt) kommt es zu einer Verdickung der inneren Herzwand, die auf die Herzklappen übergreifen kann. Dadurch kann es zu Herzgeräuschen, Kümmerwuchs und Herzversagen kommen. Neben der Siam ist auch die Burma betroffen.

*Persistierender Ductus arteriosus:* Erblich prädisponiert sind Siamkatzen direkt nach der Geburt für einen persistierenden Ductus arteriosus. Es handelt es sich um einen ausbleibenden Verschluss der fetalen Kurzschlussverbindung zwischen Aorta und Lungengefäßstamm bei neugeborenen Kätzchen. Die Symptome sind unspezifisch, wie Schwäche oder Herzversagen. Auch hier ist der Erbgang noch ungeklärt.

*Hereditäre Speicherkrankheiten:* Auch hier gibt es spezifisch bei Siamkatzen gehäuft vererbbare Störungen. Diese führen zu einer Anhäufung und Speicherung von nicht abgebauten Stoffwechselprodukten wie Aminosäuren (Bausteine von Proteinen) oder Polysacchariden (Glycane, Vielfachzucker). Die für Siamkatzen bedeutendste Krankheit ist die Gangliosidose des Typs GM1 (seltener GM2), die auch bei Korat-Katzen vorkommt. Auslöser des Gendefektes ist eine bislang unbekannte Genmutation, der Erbgang ist autosomal-rezessiv. Befallene Katzen leiden ab einem Alter von etwa sechs Monaten unter fortschreitenden Hirnschäden durch Anreicherung von Gangliosiden (Fett-Zucker-Verbindungen) im Gehirn. Dies führt zu einer fortschreitenden Degeneration des zentralen Nervensystems. Für Siamkatzen gibt es einen Gentest, mit dem sich Gangliosidose GM1 und GM2 schon bei Kitten sowie altersunabhängig auch bei erwachsenen Tieren nachweisen lässt. Der Nachweis ist auch bei heterozygoten Trägertieren möglich, die bei positivem Testergebnis von der Zucht ausgeschlossen werden können.

*Blutzelldefekte:* Porphyrie und Amyloidose kommen bei Siamesen, Orientalen und Abessiniern häufiger als bei anderen Rassen vor. Der Erbgang ist bei beiden Erkrankungen noch nicht geklärt. Es handelt sich um erbliche Stoffwechselstörungen, bei denen der Aufbau des roten Blutfarbstoffs Häm gestört ist. Es begünstigt Anämie (Blutarmut), Photosensibilität (Lichtempfindlichkeit) u.a. Wahrscheinlich sind bei der Erkrankung die Leukozyten nicht richtig ausgebildet oder krankhaft verändert. Bei der Amyloidose kommt es zur Ablagerung des löslichen Proteins Amyloid (Proteinfragmente, die der Körper produziert) in den inneren Organen. Die Organe können davon auf Dauer geschädigt werden. Oft betroffen sind Nieren und Leber. Dies kann schon bei mittelalten Katzen zu chronischer Leber- oder Niereninsuffizienz führen.

*Stoffwechselstörungen*: Beim Stoffwechsel organischer Säuren tritt bei Siamkatzen Isovalerianazidurie als hereditäre Störung auf. Der Erbgang ist ungeklärt, angenommen wird ein autosomal-rezessiver Erbgang. Bei erkrankten Katzen liegt ein Defekt des Enzyms Isovaleryl-CoA-Dehydrogenase vor, wodurch der Abbau der Aminosäure Leucin gestört ist. In der Folge leiden betroffene Katzen an Metabolischer Azidose, einer stoffwechselbedingten Übersäuerung des Blutes und des Körpers. Ursache sind u.a. Nierenerkrankungen, Diabetes, Vergiftungen. Symptome sind u.a. Hyperpnoe (lange, tiefe Atemzüge bei normaler Frequenz), Herzinsuffizienz, Koma (durch ein Missverhältnis von Sauerstoffverbrauch und Sauerstoffangebot im Gehirn), gastroinstestinale Symptome (Übelkeit, Erbrechen, Durchfall), Hyperkaliämie (durch Kaliumshift aus der Zelle in den Extrazellulärraum).

*Krebs*: Bei Siamesen treten zwei Krebsarten häufiger auf. Mammatumoren (Zitzentumoren, Gesäugetumoren) treten bei Siamesen etwa doppelt so häufig auf wie bei anderen Rassen. Durch Kastration vor Eintritt der Geschlechtsreife ist das Risiko aber fast gleich null. Das Adenokarzinom, ein bösartiger Tumor, der bei Dünndarmkrebs häufig auftritt, ausgehend von der Deckzellschicht (Epithel), entsteht aus entartetem Drüsengewebe. Vorwiegend findet man es in den Verdauungsorganen, in Lunge, Nieren und Genitalien.

*Pica-Syndrom:* Siehe „Orientalische ‚Macken'".

# Ein wenig Genetik

Auf das Thema Katzenzucht kann und möchte ich im Rahmen

*Siam*

dieses Buchs nicht eingehen. Wer sich dafür interessiert, findet im Fachhandel einige gute Bücher. Auch ein Rassekatzenzuchtverein wird dem Interessenten weiterhelfen können. Wer ernsthaft züchten möchte, muss bestimmte Voraussetzungen schaffen und sich notwendiges Wissen über Zucht, Rasse, Genetik usw aneignen. Ich möchte in diesem Buch nur ein wenig auf die Grundlagen und Haarfarben eingehen. Die Genetik (Vererbungslehre) ist ein Teilgebiet der Biologie und beschäftigt sich mit der Weitergabe von gewissen Eigenschaften der Eltern an die Nachkommen. Man kann bei der Zucht gezielt vorgehen, d.h. bestimmte Tiere von der Zucht ausschließen und gezielt Träger bestimmter Eigenschaften paaren, was die Wahrscheinlichkeit erhöht, dass die Nachkommen jene gewünschten Merkmale aufweisen. Jeder Organismus, auch der von Katzen, besteht aus einer Vielzahl kleiner Zellen, die sich zu Zellverbänden und schließlich zum gesamten Organismus zusammenschließen. Jede Zelle erfüllt irgendwelche Funktionen, jede verfügt über die ganze Lebensinformation. Im Organismus sind die Zellen zu verschiedenen Organen zusammen gefasst. Dort erfüllt jede Zelle (bzw jedes Organ) bestimmte Aufgaben. Einige Gene sind für Haarart und Haarfarbe verantwortlich, andere für die Leber, die Gene zum Aufbau bestimmter Enzyme, die der Entgiftung dienen, benötigt. In einer Hautzelle sind Gene vorhanden, die für die Haut- und Haarfarbe zuständig sind usw. Alle Katzen, große wie kleine, besitzen in jeder Zelle 38 Chromosomen (Kernfäden, Träger der Erbanlagen), mit Ausnahme der Tigerkatze (Felis tigeria), die 36 Chromosomen besitzt. Auf den Chromosomen sind sämtliche Erbinformationen gespeichert. Bei der Paarung zweier Katzen erhalten die Kitten von jedem Elter je die Hälfte ihrer Chromosomen, d.h., 19 kommen von der Kätzin und 19 vom Kater. Die Chromosomenpaare nennt man auch homologe Chromosomen oder Autosomen. Nur die Heterosomen oder Geschlechtschromosomen bilden hier eine Ausnahme. Das weibliche Chromosom ist ein X-Chromosom, das männliche ein Y-Chromosom bzw die Kätzin besitzt zwei X-Chromosomen, der Kater ein Y- und ein X-Chromosomen. Der Genotyp eines Lebewesens ist die Gesamtheit alle Gene oder einzelnen Merkmale, die das Lebewesen besitzt. Im äußeren Erscheinungsbild (Phänotyp) erkennt man diese Ausprägung deutlich sichtbar, z.B. Körperbau, Fellfarbe, Haarart, Augenfarbe usw. Bei Katzen sind heute die meisten Gene für Fellfarbe, Haarart, Augenfarbe oder auch verschiedene genetisch bedingte Krankheiten oder Deformationen weitgehend aufgeschlüsselt. Mit dem Aufblühen der Katzenzucht und dem Fortschritt der Wissenschaft (Aufschlüsseln des Genoms) wurde die Genetik der Katze ausführlich erforscht. Für Katzenzüchter sind Gene, die die Fellfarbe, Haarart, Augenfarbe, Körperbau, aber auch Defektgene, die verschiedene Anomalien oder Krankheiten vererben, sowie die genetische Weitergabe von Wesensmerkmalen von Bedeutung. Bei jedem Chromosomenpaar, das die Katze besitzt, entsprechen sich die beiden homologen (gleichartigen) Chromosomen genau in Art, Anzahl und Reihenfolge der Gene, die darauf angeordnet sind. Den Platz, an dem das Gen vorliegt, nennt man Genort oder Genlocus. Einander gleichartige Gene, die jeweils auf dem selben Genlocus paarweise angeordnet sind, nennt man Allele. Hat eine Katze etwa auf beiden homologen Chromosomen das

A-Gen (Agouti, Wildfarbe), ist sie reinerbig (homozygot) für AA. D.h., sie vererbt AA dominant und ist selbst auch wildfarben. Ist ein Gen A und das andere a (Non-Agouti, keine Wildfarbe), ist die Katze mischerbig (heterozygot) für Agouti. a (Nicht-Agouti) bedeutet, die Katze ist einfarbig schwarz, denn das grundlegende Pigment ist schwarz. Gesteuert wird die Farbe durch das Allel B, das zusammen mit a das Pigment im gesamten Haar verteilt. Im Zusammenspiel mit A wird das Pigment jedoch „gebändert" im Haar abgelagert. Schwarze Leoparden (die dann Panther genannt werden) sowie Servale tragen diese Agouti-Mutation homozygot (reinerbig). Die B-Serie bringt schwarze Katzen hervor, wenn die Katze Träger BB ist; braune Katzen, wenn die Katze Träger bb ist und cinnamon (zimt), wenn die Katze Träger b1b1 ist. „b" und „b1" haben einen Einfluss auf die Pigmentierung gegenüber dem Wildtyp A. Aus schwarz wird so braun oder zimt. Chocolate, Lilac, Cinnamon und Fawn sind aus dem Wildtyp entstanden. Gene, die Merkmale bestimmen sind dominant, es reicht wenn ein Elter sie weitergibt, um in Erscheinung zu treten. Rezessive (untergeordnete) Gene müssen dagegen von beiden Eltern kommen, um sichtbar zu werden. Wildtypen sind meistens dominant, Mutanten gehören eher der rezessiven Vererbung an. Rezessive Gene werden mit Kleinbuchstaben bezeichnet, dominante mit Großbuchstaben. Das rezessive Gen ist dem dominanten untergeordnet. Wie schon gesagt, muss das rezessive Gen doppelt vorhanden sein, also von beiden Eltern kommen, damit es bei den Nachkommen sichtbar wird. Rezessive Gene können lange in einer Rasse oder Linie schlummern und treten erst dann zutage, wenn zwei entsprechende Träger gekreuzt werden. Bei der Paarung zweier Katzen verschmelzen Samen- und Eizelle, aus denen dann ein neues Lebewesen entsteht. Die befruchtete Eizelle und alle daraus entstehenden Körperzellen teilen sich immer wieder, sodass jede neue Zelle auch den diploiden (doppelten) Chromosomensatz aufweist (Mitose; Teilung von Körperzellen). Alle Gene werden vor der eigentlichen Zellteilung identisch verdoppelt. Es entstehen aus einer Mutterzelle durch Teilung zwei Tochterzellen, die sich wiederum zu Mutterzellen entwickeln und sich wieder in Tochterzellen teilen usw. Damit wird sichergestellt, dass der Organismus weiterlebt. Im fortgeschrittenen Alter findet die Zellteilung langsamer statt. Keimzellen (Eizellen, Spermien) teilen sich durch Meiose (Reduktionsteilung; Teilung von Geschlechtszellen). Hier wird der Chromosomensatz halbiert. Damit wird verhindert, dass sich die Chromosomensätze bei den Nachkommen in jeder neuen Generation verdoppeln. Die Keimzellen enthalten je 19 einzelne Chromosomen, der befruchtete Eizelle enthält dann wieder den kompletten Satz (38 Chromosomen). Man sollte bei der Zucht auf genetische Vielfalt achten, also immer mal andere Kater aus fremden Linien einsetzen usw, um die genetische Vielfalt zu erhalten. Inzucht führt auf Dauer zu Problemen, wie kleineren Würfen, Krankheitsanfälligkeit, verringerte Lebenserwartung usw. Es gibt auch Defektgene, die für falsche Zahnstellung, Zahnfehler, Silberblick, Schielen, Knickschwanz und weitere körperliche Anomalien verantwortlich sind. Durch Beobachtungen, welche Defekte bei den Nachkommen auftreten oder durch genetische Analysen werden solche Defekte bekannt. Sie sollten in den Ahnentafeln und Zuchtbüchern festgehalten werden, dann kann man bestimmte Verpaarungen vermeiden, die Eltern aber evtl. in der Zucht belassen. Bestimmte Fehler, die die Lebensqualität der Katze stark einschränken, oder die zu Letalfaktoren (Sterblichkeit) führen, sollten aber unweigerlich zum Zuchtausschluss führen. Alle Farben können mit Rot (O, Orange; bzw in der Verdünnung Creme) kombiniert sein. Alle Tabby-Farben (Tigerung, Musterung) kommen auch in einfarbigen Tönen ohne Tabby-Muster vor. Es gibt auch Golden-Tabbies, die aus Silver-Tabby-Verpaarungen fallen, und auch Shaded Silver (silberschattiert). Sämtliche Farben können auch mit einer Weißscheckung auftreten. Das rote Gen (O) liegt auf dem X-Chromosom, von dem die Kätzin zwei, der Kater eines trägt. Je nachdem, welcher Elter bei der Verpaarung Rot trägt, sind verschiedene Ergebnisse der Verpaarung möglich. Bei roten Katzen wirkt das Non-agouti-Gen nicht unterdrückend. Demnach weisen alle cremefarbenen (Verdünnung von Rot) sowie roten Katzen eine mehr oder weniger ausgeprägte Tabbyzeichnung auf. Die am wenigsten sichtbare Zeichnung weisen Katzen mit getickter Tabbyzeichnung auf. Wie schon erwähnt, haben reinweiße Katzen manchmal mit ein- oder beidseitiger Taubheit zu kämpfen. Diese Taubheit entsteht in der frühembryonalen Phase. Über die genaue Ursache wird noch diskutiert. Weiß-Weiß-Verpaarungen sowie Weiß-Schecken-Verpaarungen werden deshalb im Allgemeinen vermieden. Hat eine weiße Katze blaue Augen, ist die Wahrscheinlichkeit für Taubheit oder Gehörstörungen erhöht. Die Foreign White, eine reinweiße Siamkatze, wurde (vgl. Geschichtskapitel) in den 1960er Jahren geschaffen und 1977 von der Gouverning Council of the Cat Fancy anerkannt. Patricia Turner, eine englische Katzenzüchterin, hatte das Vorhaben, eine reinweiße Katzenrasse mit blauen Augen, aber ohne erbliche Taubheit zu züchten. Inzwischen ist dieser Defekt auch größtenteils bei der Foreign White eliminiert worden. Der Tierarzt kann durch spezielle Tests das Gehör der Katze prüfen (Audiometrietest, bei der mittels elektrischer Impulse das Gehör der Katze unter Narkose getestet wird). Dieser Test ist auch für die Zulassung weißer Zuchtkatzen obligatorisch. Die Siam-Foreign-White (kurzhaarige Foreign White) und die Balinese-Foreign-White (langhaarige Foreign White) sind wunderschöne Geschöpfe. Sie bleiben größtenteils von Taubheit verschont. Sie sind genetisch Siamkatzen, die blauen Augen kommen durch das Siam-Gen zustande, das Maskengen cs ist für die blauen Augen verantwortlich. Bei der Foreign White werden jedoch die farbigen Abzeichen vom Weiß-Gen unterdrückt. Trägt eine grünäugige weiße Katze das Maskengen heterozygot, bleibt auch sie von der Taubheit verschont. Aus der Siamkatze entwickelte sich ein brauner Schlag, die Havana (Foreign Brown). Es folgten Foreign Black (Ebony), Foreign Blue und Foreign Lilac (Lila, blau mit rötlichem Schimmer). Inzwischen gibt es u.a. auch silberne sowie Silver-Tabby-Orientalen.

Dies sollte nur eine kleine Einführung in die faszinierende Welt der Farbgenetik der Katzen sein. Wer sich dafür interessiert, findet im

Fachhandel einige gute Bücher. Auch im Anhang habe ich Bücher genannt. Ein Katzenzüchter sollte ebenfalls Auskunft geben können, ggfs. auch die Katzenzuchtvereine.

## Verhalten und Beschäftigung, Anatomie und Sinne

### Anatomie und Sinne

Am Körperbau hat sich seit der Domestikation vor 3500 Jahren nichts geändert. Damals wie heute sind Katzen effiziente Beutegreifer. Seit eh und je jagen sie Ratten und Mäuse in Kornspeichern. Auch als verwöhnte Stubentiger pirschen sie sich an Kleingetier heran und erlegen es, wenn die Gelegenheit günstig erscheint. Der Jagdtrieb ist bei Katzen offenbar angeboren und muss nicht erlernt werden. In Wesen und Körperbau hat sich die Hauskatze bisher kaum von der Falbkatze, ihrer Urahnin, entfernt. Hauskatzen legen immer noch viel ursprüngliches Katzenverhalten an den Tag. Als die wilden Falbkatzen in Ägypten zu Hauskatzen wurden, wirkte sich das kaum auf Wesen und Aussehen aus. Katzen sind Beutegreifer, auch als verwöhnte Stubenmiezen. Sie haben immer noch viele mit ihren wilden Verwandten gemeinsam. Die Familie der Katzen (Felidae) bildet eine einheitliche Gruppe, und egal ob man eine kleine oder große Katze vor sich hat: das Tier ist als Katze erkennbar. Die Katze hat einen geschmeidigen, muskulösen Körper, und die Katze ist ein äußerst bewegliches und gelenkiges Tier. Katzen rollen sich beim Schlafen bevorzugt zusammen, das Köpfchen kann dabei alle möglichen Positionen einnehmen und liegt oft seitlich. Wenn die Katze aufwacht, steht sie auf, streckt und räkelt sich, am Schluss macht sie einen Buckel. Das soll den Kreislauf anregen. Der Gang zum Fressnapf erfolgt schlendernd, während sie sich anschleicht, wenn sie eine mögliche Beute im Visier hat. Katzen können sich flach und dünn machen, wenn sie irgendwo durch kriechen wollen, und sie sind äußerst trittsicher, wenn sie beispielsweise auf einem Zaun oder Fensterbrett balancieren. Die Katze trottet langsam und gemächlich dahin; hat sie eine Beute im Visier, macht sie langsame Bewegungen, duckt sich meist und kann in dieser Position verharren. Steht der Angriff kurz bevor, steht sie langsam auf, fixiert die Beute und stürzt dann blitzschnell auf sie zu. Katzen können auf einem schmalen Zaunspfahl sitzen, und sie können auch auf dem Zaun balancieren. Katzen können sogar beide Körperhälften entgegengesetzt bewegen. Katzen sind Ansitzjäger, keine Hetzjäger. D.h., sie hetzen die Beute nicht bis zur Erschöpfung oder bis zum Tode, sondern sie lauern ihr auf, fangen und töten sie. Dabei können sie auch einige Zeit mit der Beute spielen, nicht aus Grausamkeit, sondern um Spannungen abzubauen und zu testen, wie sie die Beute am gefahrlosesten packen können. Katzen können blitzschnell losstarten, die Geschwindigkeit aber nicht lange durchhalten. Die Katze bewegt sich geschmeidig. Sie hat ein bewegliches Skelett mit leichten, stabilen Knochen und rund 500 Muskeln. Die Katze trottet gemächlich dahin. Schleicht sie sich an, etwa an eine Maus, sind ihre Bewegungen langsam und kontrolliert. Sie kann auch mitten in der Bewegung verharren, etwa kann sie plötzlich stocksteif mit erhobenem Vorderlauf wie eingefroren stehen bleiben. Der Schritt wird konzentrierter, wenn ihr eine potenzielle Beute begegnet. Sie kann sich blitzschnell auf die Beute stürzen. Katzen können fünf mal so hoch springen wie ihre Schulterhöhe. Sie können den Sprung genau abschätzen und aus dem Stand heraus etwa auf einen Tisch springen. Stürzt die Katze sich dabei auf ein Beutetier oder ein Spielzeug, sind die Krallen ausgefahren und die Vorderpfoten ausgestreckt. Sie kann auch rückwärts springen. Beim Hinunterspringen beugt sie den Vorderkörper weit nach vorne. Damit soll die Entfernung abgeschätzt, verkürzt und der Aufprall abgedämpft werden. Katzen können gut klettern. Sie springen z.B. ein Stück am Baumstamm hinauf, um sie anschließend mit Hilfe der Krallen fortzubewegen. Katzen können rückwärts besser hinunterklettern, müssen das aber erst lernen und üben. Beim Gehen berühren nur die Zehen den Boden. Die Katze läuft fast lautlos, kann aber wenn sie will auch ganz schön stampfen und trampeln. Die dicken Sohlenballen dämpfen das Geräusch. Der Schwanz ist die Verlängerung der Wirbelsäule. Mit Hilfe des Schwanzes hält die Katze das Gleichgewicht (etwa beim Balancieren und bei Sprüngen). Außerdem kann die Katze mit dem Schwanz recht gut ihre Stimmung ausdrücken. Durch ihr dichtes Fell sieht die Katze schön aus. Es ist also Schmuck. Das Fell und die Zeichnung sind bei jeder Katze anders. Aber das Fell ist nicht nur Schmuck. Das dichte Fell sitzt auf der „lockeren" Haut – Katzen stecken recht „lose" in ihrem Fell. Das Fell schützt vor kleinen Verletzungen, aber auch vor Witterungseinflüssen wie Kälte, Nässe und Hitze. Im Sommer ist es meistens etwas dünner als im Winter. Das Fell variiert bei den einzelnen Rassen und Katzentypen in Länge und Dichte. Bei reinen Wohnungskatzen ist der Unterschied zwischen Sommer- und Winterfell nicht ganz so deutlich wie bei Freiläufern. Bei starker Erregung (Wut, Angst) kann die Katze das Fell sträuben und wirkt so optisch größer. Die Katze putzt das Fell viele Stunden täglich. Damit wird es sauber und geschmeidig gehalten, damit es seine isolierenden Eigenschaften beibehält. Es schützt ebenso vor Kälte und Nässe wie vor Hitze. Die Katze leckt sich bei Hitze vermehrt das Fell. Der Speichel kühlt die Katze für eine Weile ab. Putzen dient auch dem Abbau von Spannungen, Aufregung oder Verlegenheit. Die Katze hat gut ausgeprägte Sinne. Katzenaugen, seien sie blau, orange, bernsteinfarben, braun oder grün – sind faszinierend. Die alten Ägypter schon fanden die im Dunkeln leuchtenden Katzenaugen faszinierend. Sie glaubten, dass die Katzenaugen die Sonne wiederspigelten und den Menschen vor Dunkelheit beschützten. Katzen können durch ihr Tapetum lucidum (Leuchtschicht auf der Aderhaut) im Dunkeln sehen, wenn ein winziger Lichtstrahl auf das Auge trifft – bleibt der Lichtstrahl aus, sehen auch Katzen im Dunkeln gar nichts. Die Katze hat einen Rundumblick, sieht also nahezu alles, was um sie herum passiert, nur nicht genau hinter sich. Katzen sind Beutegreifer und interessieren sich hauptsächlich für Bewegliches – was sich nicht bewegt, wird meistens übersehen. Die Katze erspäht das vorbeikrabbelnde, winzige Insekt, die vor Angst starr sitzende Maus wird möglicherweise übersehen. Bei Dunkelheit werden die Pupillen ganz groß, um sämtliches Licht aufzunehmen. Im Hellen dagegen verengen sich die Pupillen zu Schlitzen und lassen kaum Licht herein. Katzen hören ausgezeichnet im Frequenzbereich bis 65 kHz, der Mensch nur bis 20 kHz. Die Katze nimmt das feine Piepsen einer Maus ebenso wahr wie das Tapsen winziger Mäusefüßchen auf dem Boden, was Menschen nicht mehr hören können. Katzenohren sind große, bewegliche Schalltrichter, die nach allen Richtungen zur Geräuschquelle hin gerichtet werden können. Katzen besitzen auch ein sehr gut ausgebildetes Tastsystem. An Beinen, Schnauze (Whisker Break/ Tasthaarkissen) und Kopf besitzen sie Tasthaare (Vibrissen). Mit diesen feinen Rezeptoren können Katzen sich im Dunkeln orientieren, oder auch wenn sie durch Öffnungen hindurchschlüpfen. Sie können damit die Breite des Durchschlupfs „ausmessen". Tasthaare sind die Leitsysteme der Katze, die sie im Dunkeln um alles, was den Weg blockieren könnte, herumführen. Die Vibrissen helfen der Katze auch dabei, den Tötungsbiss beim Beutetier „passgenau" anzusetzen. Katzen können salzig, sauer, bitter und herzhaft (umami) schmecken, aber nicht süß, da ihnen die Rezeptoren dafür fehlen. Kitten werden schon früh auf ein bestimmtes Futter geprägt, das ihnen entweder die Mutter mitbringt oder dass sie vom Menschen erhalten. Man kann Katzen auch später noch an anderes Futter gewöhnen. In manchen Fällen geht das ganz problemlos, aber es gibt auch Katzen, denen man mit sehr viel Geduld begegnen muss. Das Geschmacksorgan ist die Zunge. Sie kann zum Löffel geformt werden, sodass die Katze mit ihr trinken kann. Die rauhe Zunge ist mit vielen, kleinen Hornpapillen besetzt. So kann die Katze die Zunge sehr gut bei der Körperpflege gebrauchen, weil sie wie ein Kamm wirkt. Mit der rauhen Zunge kann die Katze aber beispielsweise auch Fleischreste von Knochen schlecken. Diese Papillen oder Hornzähnchen sind nach hinten gebogen und eignen sich zur Fellpflege oder zum „Befreien" der Knochen von Fleischresten sehr gut. Die Hornpapillen sind nach hinten gebogen und äußerst effizient. Die Katze hat einen ausgezeichneten Gleichgewichtssinn. Sie fällt meistens auf die Füße. Das Gleichgewichtsorgan im Innenohr ist dafür verantwortlich, das die erforderlichen Informationen an das Gehirn sendet. Die Katze nimmt dabei im Fall die korrekte Position ein und kann sich blitzschnell drehen, dabei wird der Schwanz als Steuer und Bremse genutzt. Erst wird der Vorderkörper, dann der Hinterkörper gedreht, dabei ein Buckel gemacht bzw der Rücken gekrümmt und die Katze landet auf allen vier Pfoten. Doch Vorsicht: eine Katze kann sich bei einem Absturz tödlich verletzen, und auch sonst kommen Knochenbrüche, Unterkieferbrüche und innere Verletzungen häufig vor. Ist die Katze also aus großer Höhe abgestürzt, oder verhält sie sich nach einem Sturz seltsam, hinkt sie z.B., sollte man sie umgehend dem Tierarzt vorstellen.

Erwachsene Katzen haben 30 Zähne, davon vier Fangzähne, große Eckzähne, die zum Fangen und Festhalten der Beute gebraucht werden. Mit Hilfe der Backenzähne (hier befinden sich auch scharfe Reißzähne) kann die Katze die Beute in maulgerechte Happen zerteilen. Die Schneidezähne zwischen den Fangzähnen werden z.B. bei der Fellpflege gebraucht. Kitten und Jungkatzen haben ein Milchgebiss mit 26 Zähnen. Mit 7-9 Monaten ist das bleibende Gebiss der Katze voll ausgebildet.


**Kleine Verhaltenskunde**

Die Katze versteht nicht wirklich, was wir Menschen zu ihr sagen. Sie kann zwar bestimmte Worte mit verschiedenen Situationen verknüpfen, z.B. auf ihren Namen hören, ein scharfes „Nein", wenn sie etwa nicht auf den Esstisch gehen soll oder ein freundliches „Komm, Lucy, es gibt Futter", und sie erkennt auch an Mimik und Stimmlage des Menschen, wie es gerade um dessen Gemütszustand bestellt ist, aber die Katze ist nicht mächtig, die gesamte menschliche Sprache zu erfassen. Dafür haben Katzen aber eine ausgezeichnete eigene Sprache. An der Körpersprache und Mimik der Katze kann auch der Katzenhalter einiges ablesen. Manche Verhaltensweisen der Katze ihrem Menschen gegenüber lassen sich aus ihrem angeborenen Pflegetrieb, ihrem Verhalten als Kitten, dem Verhalten der Mutterkätzin ihrem Nachwuchs gegenüber oder aus dem Sexualverhalten ableiten. Will die Katze freundlich Kontakt aufnehmen, reibt sie ihre Backe oder den Nacken am Menschen und schnurrt dabei freundlich. Sie kann auch „Köpfchen geben", eventuell leckt sie Hände und Gesicht des Menschen. Auf diese Weise kann sie eine Katze auch an ein befreundetes Tier (z.B. Hund, andere Katze) anschmiegen. Ist die Katze gereizt und genervt, wedelt bzw schlägt sie mit dem Schwanz, nimmt eine mehr oder minder geduckte Haltung ein, legt die Ohren an und kann außerdem spucken und fauchen und das Fell sträuben. Auch kann sie mit dem Pfoten aufstampfen und Luft aus der Nase ausstoßen. Die Mutterkätzin leckt in den ersten Wochen den Bauch der Kitten, um die Ausscheidungen anzuregen. Der Kater leckt Kitten, aber auch seine auserwählte Kätzin, um seine Liebe und Zuneigung unter Beweis zu stellen. Auch der Mensch wird manchmal abgeschleckt, was aus dem Sexual- und Pflegeverhalten resultiert. Durch „Treteln" mit den Pfötchen regen Kitten bei der Mutter den Milchfluss an. Zeigt die Katze dieses Verhalten einem Menschen gegenüber, ist das ein großer Vertrauensbeweis. Eine Katze, die sich wohlfühlt schnurrt behaglich. Auch Kitten schnurren, wenn sie zufrieden an der Zitze der Mutter nuckeln. Auch kranke Katzen oder solche, die Schmerzen haben, können schnurren. Vielleicht wollen sich die Katzen damit selbst beruhigen. Außerdem scheint Schnurren beim schnelleren Heilen von Verletzungen und gebrochenen Knochen eine Rolle zu spielen. Rollige Kätzinnen, also paarungsbereite Kätzinnen, rollen sich auf dem Boden hin und her, schreien dabei herzzerreißend nach einem Kater und recken einem ihr Hinterteil entgegen. Rollige Kätzinnen können auch durch Spritzharnen markieren. Auch am Kopf und an den Pfötchen besitzen Katzen Duftdrüsen – Kratzen dient also der geruchlichen und optischen Markierung. Im Spiel- und Kampfverhalten erprobt die Katze ihre Grenzen und Stärken. Da gibt es z.B. Rivalitätskämpfe. „Spielpartner" können die

Mutter, ein Geschwister sein, aber auch ein Kleintier wie eine Maus, ein Spielzeug oder gar eine Schnee- oder Staubflocke werden „bespielt" bzw „erbeutet". Auch der Mensch kann ein Spielpartner sein. Vorsicht, wenn Menschenhände beim Spiel mit von der Partie sind! Angst und Abwehr der Katze kann durch falsches Verhalten des Menschen der Katze gegenüber verursacht sein. Angst und Abwehr erfolgt in einer für die Katze sehr unangenehmen, ausweglosen Situation. Manchmal muss Zwang sein, etwa wenn man die Katze in die Transportbox setzen muss, ihre Zähne putzen oder ihr Medikamente verabreichen muss oder wenn sie beim Tierarzt geimpft oder behandelt werden muss. Für die Katze ist das natürlich unverständlich und sie kann mit Rückzug und Angst, aber auch mit Kratzen, Beißen und Fauchen reagieren. Auch unter Katzen kann es zu Aggressionen kommen, beispielsweise wenn zwei Katzen in Revierstreitigkeiten geraten. Katzenkämpfe, und hier sind es eher die Kater als die Kätzinnen, können manchmal mit Blessuren und blutig enden. Katzen sind Beutegreifer. Je länger das Jagdverhalten unterdrückt wird, desto niedriger wird die Reizschwelle dafür. Rollt man ein Spielzeug (z.B. ein Ball) vor ihr hin und her oder huscht eine Maus vorbei, wird die Katze das Geschehen genau beobachten. Entfernt sich die Maus bzw der Ball, stürmt die Katze auf das Objekt ihrer Begierde zu und versucht es zu erbeuten. Auch Menschenfüße und -hände können als Ersatzobjekte der Jagd herhalten. Vorsicht beim Spiel, sonst kann es zu Kratzern und Bissen kommen. Entzünden sich diese, kann es zu langwierigem Heilungsprozess kommen. Katzen sind keine ausdauernden Läufer. Bei einer Flucht, oder wenn sie beispielsweise aus der Wohnung ausbüchst, sollte man ruhig bleiben (leichter gesagt als getan….) und versuchen, die Katze zu beobachten. Irgendwann wird die Katze ruhig sitzen bleiben. Man nähert sich ihr langsam, ohne sie direkt anzusehen und anzusprechen. Hat man die Katze erreicht, lockt man sie leise mit der Stimme, man kann auch ein Leckerli oder ein begehrtes Spielzeug dazu benutzen. Hat man die Katze erreicht, kann man sie ein wenig ruhig streicheln und sie anschließend vorsichtig auf den Arm nehmen.

## Beschäftigung

Katzen müssen als intelligente Beutegreifer beschäftigt werden. Der Freigänger erledigt das zum Teil selbst, indem er draußen herumstrolcht, mit anderen Katzen Kontakt liegt, unerwünschte Katzen aus dem Revier scheucht, Kleintiere jagt und sich auch einfach mal nur die Sonne auf den Pelz scheinen lässt. Auch Freigängerkatzen sind für gemeinsame Spiele mit ihrem Menschen dankbar. Reinen Wohnungskatzen muss hier aber noch weit mehr geboten werden, damit sie ein glückliches und erfülltes Leben führen können. Die Orientalen sind intelligent und aufgeweckt. Sie verschlafen zwar gerne einen Großteil des Tages, Langeweile ist ihnen aber trotzdem ein Graus. Aufgestaute Energie entlädt sich dann gerne mal an Möbeln und Menschenhänden. Auch Verhaltensstörungen können ihren Ursprung in chronischer Langeweile haben. Einige Beispiele für artgerechte Katzenbeschäftigung möchte ich in diesem Kapitel beschreiben. Schon ein Platz auf der Fensterbank ist schön für die Katze, denn sie kann beobachten, was draußen vor sich geht. Das mögen viele Katzen sehr. Wenn man das Fenster absichert (durch ein Netz oder Gitter) kann man es auch öffnen, selbst wenn die Katze kein Freigänger ist und durch das Fenster in die Freiheit entwischen könnte (Erdgeschoss), oder wenn es sich um ein höher gelegenes Fenster (ab 1. Etage) handelt, sodass die Katze sich bei einem Sturz oder Sprung nach draußen schwer verletzen könnte. Handelt es sich um ein genügend breites Fensterbrett, kann man hier ein Liegekissen, eine Decke hinlegen, eventuell kann man auch einige katzentaugliche Pflanzen aufstellen (von innen). Kluge Katzen spielen viel. Durch Spielen werden im Gehirn verschiedene Strukturen (wieder) aktiviert oder neu gebildet. Auch im Alter funktioniert das noch, und auch alte Katzen möchten und müssen spielen. Bei reinen Wohnungskatzen ersetzt das Spielen auch Jagdverhalten draußen. Zunächst muss man herausfinden, für welche Spiele die Katze zugänglich ist. Nicht jede Katze liebt jedes Spiel. Das Spiel mit dem Menschen ist für die Katze sehr wichtig. Gerade mit reinen Wohnungskatzen sollte man viel spielen, aber auch Freigänger sind für Spiele empfänglich. Es gibt sogar Bücher, die sich nur mit dem Thema „Spiele für Katzen" beschäftigen. Einige Ideen möchte ich hier kurz ansprechen.

Zeitlich legt man Spiele mit der Katze am besten vor die Abendfütterung, da Katzen bevorzugt in den Abendstunden jagen. Direkt nach der Mahlzeit sollte man dem Stubentiger aber seine Ruhe gönnen. Beim Spielen sollte man sich zur Katze auf den Boden begeben, denn Katzen spielen gerne mit ihrem Menschen auf Augenhöhe. Man kann ein Spielzeug, gerne auch an einer Schnur, oder eine Federangel, vor der Katze hin und her bewegen, in Schlangenlinien, gerade, im Zick-Zack, vor und zurück, langsam oder schnell, je nach Charakter der Katze. Die Katze braucht Zeit zum Lauern und Anschleichen. Dann schnellt sie vor, packt die Beute, traktiert sie mit Zähnen und Krallen. Jagdspiele lieben nahezu alle Katzen. Nach der Jagd darf die Katze die Beute fangen und mit Zähnen und Krallen traktieren. Man sollte seine Hände möglichst aus dem Spiel lassen, denn die Katze unterscheidet im Eifer nicht zwischen Mensch und Spielzeug und wird ihre Zähne und Krallen ordentlich einsetzen – das kann zu Blessuren führen! Nach der „Jagd" darf die Katze die Beute auf alle Fälle haben und sich daran abreagieren. Andernfalls wäre sie frustriert. Dies ist ein Grund, warum Laserpointer nur äußerst bedingt zum Katzenspiel taugen. Die Katze hat den Punkt zwischen ihren Pfoten, und schon ist er wieder weg. Die Katze kann ihn nicht kratzen und beißen. Außerdem darf man der Katze nicht in die Augen leuchten. Setzt man also Laserpointer ein, muss die Katze am Ende des Spiels sofort ein Leckerli oder reales Spielzeug bekommen. Andernfalls wäre sie sehr frustriert. Meiner Meinung nach sollte man auf Laserpointer eher verzichten. LED-Lichter sind ungefährlich (auch als Pointer erhältlich). Spielzeuge, die kleiner sind als die Katze, passen in ihr Beuteschema. Sie sollten leicht sein, so dass die Katze sie mit Pfotenhieben herumkicken kann, z.B. Weinflaschenkorken. Im Zoofachhandel sind verschiedene Katzenspielzeuge erhältlich. Von Bällchen mit integrierten Glöckchen, kleinen Säckchen oder Plüschtieren mit Katzenminze, Bällchen aus Plüsch oder Vollgummi, über Federnangeln bis hin zu Kratzspielzeug und Fummelbrettern bekommt man einiges im Zoofachhandel, das äußerst brauchbar ist. Kleine, verschluckbare Teile, scharfe oder spitze Kanten, lose Fäden u.ä. können gefährlich für die Katze werden. Gefährlich ist weiterhin Lametta. Augen und Nasen bei Spieltieren sollte man entfernen, Katzenangeln und -wedel sollten keine Kunststoffbänder haben. Spielzeuge mit langen Schnüren, an denen die Katze sich strangulieren könnte, lässt man nicht herum liegen, sondern holt sie nur heraus, wenn man zusammen mit der Katze damit spielen möchte. Plastiktüten lässt man nicht liegen, wenn die Katze hineingerät, könnte sie ersticken. Bei Papiertüten schneidet man die Henkel durch oder ab, damit die Katze nicht darin hängen bleiben kann. Man kann auch Leckerchen oder Spielzeug in einem Körbchen mit Laub oder frischem Heu verstecken. Die Katze muss sie herausangeln (hinterher das Staubsaugen nicht vergessen!). Katzen sind neugierig, wann immer sie etwas knistern, rascheln oder plätschern hören. Katzen lieben kleine Kissen oder Plüschtiere, die mit bestimmten Düften präpariert sind, etwa mit Katzenminze oder Baldrian. Viele Katzen verfallen dann in einen regelrechten Rausch. Man kann auch alte Socken mit Katzengras, Katzenminze, Thymian, Baldrian o.ä. füllen und zuknoten. Auf diese Weise hat man auch ein kleines Duftkissen geschaffen. Man kann auch kleine Sisalstücke (z.B. Bälle) in Dosen legen, die mit verschiedenen, katzentauglichen Kräutern gefüllt sind (Baldrian, Katzenminze o.ä.). Katzen lieben diese Düfte und kuscheln sich an derart duftbehaftete Kissen, Sisalstücke, Bälle und Plüschtiere. Auch verschiedene Bachblüten können einen ähnlichen Effekt erzielen. Katzen haben eine gute Nase, auch wenn diese nicht so ausgeprägt ist wie die eines Hundes. Mit ihrer Nase testen Katzen z.B. beim Treffen mit einer fremden Katze, ob man sich sympathisch ist oder nicht oder ob das Gegenüber eine Kätzin oder ein Kater ist. Am ganzen Körper besitzen Katzen empfindliche Nervenzellen; mit der Nase können sie sogar Temperaturen von Gegenständen prüfen, ohne diese direkt zu berühren. Sofern bei den vorgeschlagenen Spielen Leckerchen eine Rolle spielen (z.B. Trockenfleisch), kann man ggfs die Hauptmahlzeit ein wenig kürzen, um die Katze nicht zu überfüttern. Eine fette Orientalin sieht nicht nur unschön aus, sie wird auch anfälliger für Krankheiten.

*Siam*

*Foreign White*

*Foreign White*

*Balinese*

*OKH-Kitten*

*Ebony*

*Foreign White*

## Literatur

Bücher:

Behrend, Katrin/ Wegler, Monika; Katzen; Gräfe und Unzer, 1992; ISBN 3-7742-1259-7

Beltrame, Maia; **Siamkatze**; Moevig, 1989, ISBN 3-8118-1111-8

Blaes, Renate (Hrsg.); Das kunterbunte Katzenbuch Nr. 2; Books on Demand, 2008; IBSBN 9783837067330

Blaes, Renate (Hrsg.); Das kunterbunte Katzenbuch; Books on Demand, 2006; ISBN 3-8334-6220-5

Born, Sylvia; Traumkatzen; Müller-Rüschlikon, 2012; ISBN 978-3-275-01838-3

Brown, Sarah; Die Katze. Geschichte, Biologie, Rassen; Haupt, 2020, ISBN 978-3-258-08164-9

Bruin, Stephe/ van Heel, Walty Dudok; So denkt meine Katze; Bechtermünz-Verlag/ Weltbild, 1999; ISBN 3-8289-1552-3

Danay-Weber, Anneliese; **Siamkatzen**; Parey, 1997, ISBN 3-8263-8444-X

**Deine Siamkatze**; Heimtierbücherei Alfred Kapust GmbH & Co. KG

Fiedler, Doreen; Einfach BARF - Leitfaden für natürliche Katzenernährung; Books on Demand, 2014; ISBN 978-3-7357-9105-4

Fiedler, Doreen; Katzenernährung nach dem Vorbild der Natur – Barfen in allen Lebenslagen; Books on Demand, 2014; ISBN 978-3-7357-9047-7

Fröhling, Heike; Auf Katze und Hund gekommen – Ein Hund zieht ein im Katzenhaushalt; Independenly Published, 2018; ISBN 9781983315831

Götz, Eva-Maria/ Wolf, Gesine; **Siam & Co. Orientalische Katzen**; Ulmer, 1999, ISBN 3-8001-7441-3

Gould, Laura; Das Geheimnis der dreifarbigen Katzen oder Dem genetischen Mosaik auf der Spur; Birkhäuser, 1997; ISBN 3-7643-5656-1

Grimm, Hans-Ulrich; Katzen würden Mäuse kaufen - Schwarzbuch Tierfutter; Heyne, 2009; ISBN 978-3-453-60097-3

Herrscher/ Theilig; Kosmos Katzenführer; Kosmos, 2. Aufl. 1999; ISBN 3-440-07752-7

Jones, Renate (Hrsg.); Das Kosmos Handbuch Katzen; Kosmos, 2010; ISBN 978-3-440-11228-1

Jung, Claudia; Katzen massieren – Massagegriffe zum Wohlfühlen; Cadmos, 2013; ISBN 978-384044015-1

Katzenliebhaberbuch. Liebevoll verwöhnen, richtig ernähren; Otus, 2012, ISBN 978-3-03793-369-5

Kieselbach, Dominik; **Siamkatzen**; Bede, 2003, ISBN 3-89860-036-X

Klever, Ulrich; Knaurs Großes Katzenbuch; Droemer Knaur/ Weltbild, 2000, ISBN 3-8289-1554-X

König, Horst E.; Anatomie der Katze; Fischer-Verlag, 1992; ISBN 3-437-020492-0

Krause, Horst-Dieter; Gesundheit auf Samtpfoten – Naturheilkunde für meine Katze; Aurelia, 2004, ISBN 3-936676-12-7

Landgrafe, Claudia; Die Farben der Katzen; Books on Demand, 2007; ISBN 9-783-833-494-864

Landwerth, Lena; Katzenglück; Kosmos, 2014; ISBN 3-440-14288-2

Landwerth, Lena; Wegweiser Katzenfutter; Cadmos, 2012; ISBN 978-384044010-6

Lauer, Isabella; Meine Katze; Kosmos, 2008, ISBN 3-440-11047-8

Lehari, Gabriele; Katz und Hund – na und?; Cadmosverlag, 2004; ISBN 3-86127-665-8

Leiendecker, Nadine; B.A.R.F. für Katzen; Cadmos, 2010; ISBN 978-384044001-4

Linke-Grün, Gabriele/ Wegler, Monika; Katzen verstehen lernen; Gräfe und Unzer, 2017, ISBN 978-3-8338-5986-1

Linke-Grün, Gabriele/ Wegler, Monika; Wohnungskatzen; Gräfe und Unzer, 2014; ISBN 978-3-8338-2410-4

Linke-Grün, Gabriele; Katzen-Spiele – pfiffig, spaßig, spannend; Gräfe und Unzer, 2013; ISBN 978-3-7742-6132-7

Mausolf, Anne-Katrin; Kätzchen; Kosmos, 2016; ISBN 978-3-440-14705-4

Miller, Lynn; **The Guide to Owning an Oriental Shorthair Cat**; TFH Publications, USA, 2001, ISBN 978-0793821907

Müller, Ulrike/ Wegler, Monika; Die Katze; Gräfe und Unzer, 1996; ISBN 3-7742-3161-3

Münchberg, Angela; Katzen homöophatisch selbst behandeln; Cadmos, 2005, ISBN 3-86127-123-0

Münchberg, Angela; Katzen naturnah ernähren - Frischfütterung leicht gemacht; Cadmos, 2007; ISBN 978-386127129-1

Münchberg, Angela; Kräuterbuch für Katzen; Cadmos, 2006; ISBN 3-86127-126-0

Nawratil, Tamara; Hund und Katz unter einem Dach. So klappt das Zusammenleben; Kynos, 2017; ISBN 978-3-95464-129-1

Orrú-Benterbusch, Susanne; Katzen – Seelengefährten & Herzeroberer; Schirner, 2018; ISBN 978-3-8434-1334-3

Ott, Petra; Das große Katzeninterview!; Buchwerk-Verlag, 2017, ISBN 978-3-96086-060-0

Perez, Sebastian/ Lacombe, Benjamin; Kleine Katzenkunde; Jacoby & Stuart, 2016, ISBN 978-3-941087-01-9

Reinerth, Susanne; Natural Cat Food – Rohfütterung für Katzen; Books on demand, 2008; ISBN 978-3-8370-6231-91

Ricken, Claudia; Das kleine 1 x 1 der Genetik – Die Genetik der Katze leicht gemacht; Books on Demand, 2008; ISBN 9783837041255

Ricken, Claudia; Rot ist nicht immer Rot – Katzen in den Farben Amber, Cinnamon, Red & Tortie lieben und züchten; Books on Demand, 2012; ISBN 9783848219551

Schär, Rosemarie; Die Hauskatze: Lebensweise, Verhalten und Ansprüche; Ulmer, 2009; ISBN 978-3-8001-5867-6

Schmoll, Heinz; **Siamkatzen**; Phillerverlag, 1982, ISBN 3-7907-0886-0

Schneider, E.; **Freude an der Siamkatze**; Heimtierbücherei Alfred Kapust GmbH & Co. KG

Schneider, Stefanie; **Bezaubernde orientalische Samtpfoten. Siamesen, Balinesen, Orientalisch Kurz- und Langhaarkatzen im Portrait. Ein Katzenbuch**; Amazon, 2016, ISBN 9781530734351

Schroll, Sabine; Handbuch Katzenkrankheiten; Cadmos, 2008; ISBN 978-386127132-1

Schulitz, Kerstin; Das Katzengesundheitsbuch. Krankheiten vermieden und das Immunsystem stärken mit einer gesunden Katzenernährung ohne körperliche und seelische Belastungen.; Books on Demand, 2015; ISBN 9783738627459

Stadler, Eva-Maria/ Wintterlin, Isabel; Katzenfreude – Ein Vergnügen für alle Sinne; Cadmos-Verlag, 2010, ISBN 978-384043007-7

Stark, Michaela; Das Bachblüten-Buch für Katzen; Cadmos, 2005; ISBN 3-86127-121-4

Storch, Sandra; Vererbtes Design – Zucht, Genetik, Gesundheit und Farben der Katzen; Books on Demand, 2006; ISBN 3-8334-6766-5

Tabor, Roger; Die Sprache der Katzen; Ulmer, 2005, ISBN 3-8001-49-3

Thies, Dagmar; Rassekatzen züchten: Vererbung, Partnerwahl, Rassen der Welt; Kosmos, 2005, ISBN 3440101282

Thies, Dagmar; **Siam- und Orientalisch Kurzhaarkatzen**; Kosmos, 1983, ISBN 3-440-04649-4

Tschischke, Cornelia; Katzenglück aus zweiter Hand – Eine Katze aus dem Tierschutz; Örtel + Spörer, 2013; ISBN 978-3-88627-844-2

Von Quillfeldt, Petra; Katzen BARFen; Örtel + Spörer, 2015; ISBN 978-3-88627-871-8

Wegler, Monika/ Linke-Grün, Gabriele; Typisch Katze; Gräfe und Unzer, 2010, ISBN 978-3-8338-1717-5

Wendt, Marlitt; Kätzchen mit Köpfchen: Die faszinierende Intelligenz unserer Stubentiger; Cadmos, 2012: ISBN 3840440130

Wendt, Marlitt; Wie Katzen ticken: Gefühle und Gedanken unserer Stubentiger; Cadmos, 2010; ISBN 978-384044003-8

Ziegler, Jutta; Hunde würden länger leben, wenn... Schwarzbuch Tierarzt; Mvgverlag, 2011; ISBN 978-3-86882-234-2

Ziegler, Jutta; Rohkäppchen und der zahnlose Wolf; Verlag für chronische Gesundheit e.U., 2016; ISBN 978-3-9504318-1-0


Zeitschriftenartikel:

Metz, Gabriele; Unendlich große Ohren mit kapriziöser Eleganz – Orientalisch Kurzhaar; Aus: Our Cats – Das Katzenmagazin


INTERNET:

Zooplus (Futtermittel, Zubehör & Co.): www.zooplus.de

Fressnapf (Futtermittel, Zubehör & Co.): www.fressnapf.de

Natalie Dillitzer (Nahrungsergänzung): www.futtermedicus.de

Fédération International Feline: www.fifeweb.org

Deutsche Edelkatze e.V.: www.deutsche-edelkatze.de

World Cat Fédération: www.wcf-online.de

Österreichischer Verband für die Haltung und Zucht von Edelkatzen: www.oevek.at

Helvetischer Katzenverband / Fédération Feline Helvetique (Schweiz): www.ffh.ch

**Weitere Bücher von der Autorin:**

Das kleine Buch vom Deutschen Boxer; Books on Demand, 2020, ISBN 9783750469006; 13,00 €

Das kleine Buch vom Deutschen Spitz; Books on Demand, 2., überarb. Aufl. 2018, ISBN 9783744892896, 15,99 €

Das kleine Buch vom Dobermann; Books on Demand, 3., überarb. Aufl. 2020, ISBN 9783751930895; 16,99 €

Das kleine Buch vom Tschechoslowakischen Wolfshund und Saarlooswolfhond; Books on Demand, 4., überarb. Aufl. 2020, ISBN 9783751959407; 25,00 €

Das kleine Buch vom Weißen Schweizer Schäferhund; Books on Demand, 2., überarb. Aufl. 2018, ISBN 9783743192508, 16,99 €

Das kleine Buch vom Wellensittich; Books on Demand, 2017, ISBN 9783743192508, 16,99 €

Das kleine Katzenbuch; Books on Demand, 2017, ISBN 9783743180116, 22,99 €

Das kleine Schlittenhunde-Buch; Books on Demand, 2018, ISBN 9783748107194; 18,00 €

Das kleine Schnüffelbuch; Books on Demand, 2020, ISBN ISBN 9783751902267; 14,99 €

Das Seidenpfotenbuch; Books on Demand, 2018, ISBN 9783749470549; 20,99 €

Deutsche Spitze: (Nicht ganz) Vergessen und doch geliebt; Books on Demand, 2020, ISBN 9783750434660

Eisenach: Die Stadt am Fuße der Wartburg; Books on Demand, 2018, ISBN 9783752876659, 22,99 €

Eisenach: Die Stadt im grünen Herzen Thüringen; Books on Demand, 2020, ISBN 9783751954976; 17,00 €

Eisenach: Ein Bilderbuch; Books on Demand, 2018, ISBN 9783752802733, 9,99 €

Katzen: Liebenswerte Seidenpfoten; Books on Demand, 2018, ISBN 9783752839920; 12,00 €

Nasenarbeit für Hunde; Books on Demand, 2018, ISBN 9783752849660, 18,99 €

Rund um die Wartburg; Books on Demand, 2017, ISBN 9783746046945, 19,99 €

Schlittenhunde: Ein Bildband; Books on Demand, 2., überarb. Aufl. 2018, ISBN 9783746077505; 30,00 €

Weiß wie Schnee und Schwarz wie Ebenholz: Weißer Schweizer Schäfer-hund; Books on Demand; 2019, ISBN 9783749454211; 10,00 €

Weiße Schweizer Schäferhunde einmal anders; Books on Demand, 2018, ISBN 9783752895605; 16,99 €

Weiße Schweizer Schäferhunde: Perlen im Licht der Sonne; Books on De-mand, 2018, ISBN 9783746066103; 20,99 €

Weißer Schweizer Schäferhund; Books on Demand, 2018, ISBN 9783752823653; 10,00 €

Wellensittiche: Liebenswerte Flatterbande; Books on Demand, 2019, ISBN 9783732290390; 15,00 €

Wellensittiche; Books on Demand, 2018, ISBN 9783746098517; 20,99 €

Treue Freunde; Books on Demand, 2021; ISBN 9783753478654; 14.00 €

Das andere Katzenbuch; Books on Demand, 2021, ISBN 9783754325346; 7,00 €

Das andere Pferdebuch; Books on Demand, 2021, ISBN 9783755741541; 12,00 €

Das kleine Buch vom Samojeden; Books on Demand, 5., überarb. Aufl. 2021, ISBN 9783755758570; 17,00 €

Ratten sind auch nur große Mäuse. Kleine Fellnasen mit großem Herz; Books on Demand, 2., überarb. Aufl. 2021, ISBN 9783754338476; 8,00 €

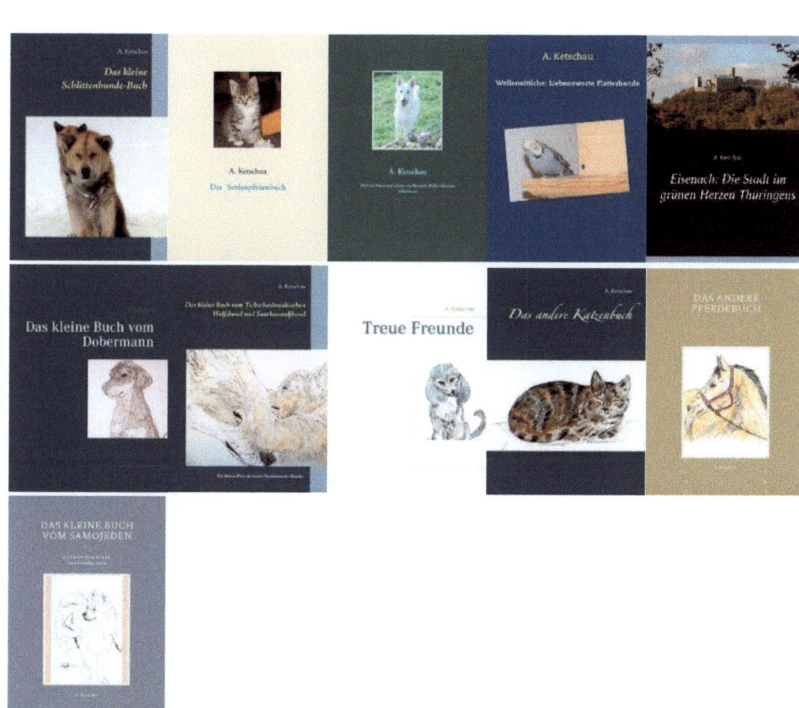